大家小书

张传玺 著

中国古代政治文明讲略

北京出版集团公司
北京出版社

图书在版编目（CIP）数据

中国古代政治文明讲略 / 张传玺著. — 北京：北京出版社，2019.5（2024.7重印）
（大家小书）
ISBN 978-7-200-14481-9

Ⅰ. ①中… Ⅱ. ①张… Ⅲ. ①政治制度史—研究—中国—古代 Ⅳ. ① D691.21

中国版本图书馆 CIP 数据核字（2018）第 270404 号

·大家小书·

中国古代政治文明讲略
ZHONGGUO GUDAI ZHENGZHI WENMING JIANGLUE
张传玺 著

出　　版	北京出版集团公司 北京出版社
地　　址	北京北三环中路 6 号
邮　　编	100120
网　　址	www.bph.com.cn
总 发 行	北京出版集团公司
印　　刷	北京华联印刷有限公司
经　　销	新华书店
开　　本	880 毫米 ×1230 毫米　1/32
印　　张	7.25
字　　数	100 千字
版　　次	2019 年 5 月第 1 版
印　　次	2024 年 7 月第 3 次印刷
书　　号	ISBN 978-7-200-14481-9
定　　价	56.00 元

如有印装质量问题，由本社负责调换
质量监督电话　010-58572393

序　言

袁行霈

"大家小书",是一个很俏皮的名称。此所谓"大家",包括两方面的含义:一、书的作者是大家;二、书是写给大家看的,是大家的读物。所谓"小书"者,只是就其篇幅而言,篇幅显得小一些罢了。若论学术性则不但不轻,有些倒是相当重。其实,篇幅大小也是相对的,一部书十万字,在今天的印刷条件下,似乎算小书,若在老子、孔子的时代,又何尝就小呢?

编辑这套丛书,有一个用意就是节省读者的时间,让读者在较短的时间内获得较多的知识。在信息爆炸的时代,人们要学的东西太多了。补习,遂成为经常的需要。如果不善于补习,东抓一把,西抓一把,今天补这,明天补那,效果未必很好。如果把读书当成吃补药,还会失去读书时应有的那份从容和快乐。这套丛书每本的篇幅都小,读者即使细细地阅读慢慢地体味，也花不了多少时间，可以充分享受读书的乐趣。如果把它们当成补药来吃也行，剂量小，吃起来方便，消化起来也容易。

我们还有一个用意，就是想做一点文化积累的工作。把那些经过时间考验的、读者认同的著作，搜集到一起印刷出版，使之不至于泯没。有些书曾经畅销一时，但现在已经不容易得到；有些书当时或许没有引起很多人注意，但时间证明它们价值不菲。这两类书都需要挖掘出来，让它们重现光芒。科技类的图书偏重实用，一过时就不会有太多读者了，除了研究科技史的人还要用到之外。人文科学则不然，有许多书是常读常新的。然而，这套丛书也不都是旧书的重版，我们也想请一些著名的学者新写一些学术性和普及性兼备的小书，以满足读者日益增长的需求。

"大家小书"的开本不大，读者可以揣进衣兜里，随时随地掏出来读上几页。在路边等人的时候，在排队买戏票的时候，在车上、在公园里，都可以读。这样的读者多了，会为社会增添一些文化的色彩和学习的气氛，岂不是一件好事吗？

"大家小书"出版在即，出版社同志命我撰序说明原委。既然这套丛书标示书之小，序言当然也应以短小为宜。该说的都说了，就此搁笔吧。

中国古代国家及其制度,不可以一言以蔽之
——读张传玺先生《中国古代政治文明讲略》
蒙 木

张传玺先生,1957年开始师从翦伯赞,研究秦汉史。翦伯赞是中国马克思主义史学的奠基人之一,张先生的历史研究秉承翦老的治学方法,尤其注重经济史和制度史的研究。张先生大半生整理老师文集,为老师立传,其尊师重道已然学林佳话。

张先生一直关注和支持"大家小书"的出版,他整理的翦伯赞《史料与史学》惠及很多读者。因为"大家小书"要做当代系列,笔者问张先生可有适合的作品,他先是谦逊以辞。后来禁不住劝说,才拿出来自己未曾结集的一摞文章供我选用。这本《中国古代政治文明讲略》便是笔者编缀而成的,大致反映了张先生近年的历史思考,它主要研究对象是关于中国古代国家的形成及其大一统、多民族和中央集权等三个根本特征。

梁启超那一代人认为中国积弱是因为传统概念里有天下、

有朝廷，而没有国家。"我支那人非无爱国之性质也。其不知爱国者，由不自知其为国也。"1899年2月，梁启超在《清议报》上发表了长文《爱国论》："国者何？积民而成也。国政者何？民自治其事也。爱国者何？民自爱其身也。故民权兴则国权立，民权灭则国权亡。"所以梁启超后来又写了振聋发聩的《少年中国说》。1900年，蔡元培《上皇帝书》提出："国者，公司也；民者，出资之股主也；天子者，总办也；诸侯者，官也，皆总办所自辟之分办也。"陈独秀1904年在《安徽俗话报》上发表《说国家》一文，说："我十年以前，在家里读书的时候，天天只知道吃饭睡觉。就是发奋有为，也不过是念念文章，想骗几层功名，光耀门楣罢了，哪知道国家是个什么东西，和我有什么关系呢？……我生长二十多岁，才知道有个国家，才知道国家乃是全国人的大家，才知道人人有应当尽力于这大家的大义。……我们中国何以不如外国，要被外国欺负……都因为是那些国的人，只知道保全身家性命，不肯尽忠报国，把国家大事，都靠着皇帝一大胡为。"直到1907年章太炎先生在《民报》上发表《中华民国解》才大致解决了中国作为国家的历史发源。他说，华本国名；正言种族，宜就夏称；夏之为名，实因夏水而得，是水或谓之夏，或谓之汉；华云、夏云、汉云，随举一名，互摄三义。建汉名以为族，而邦国之义斯在。建华名以为国,而种族之义亦在。中华云者,以华夷别文化之高下也。即此以言,则中华之名词,不仅非一地域之国名,亦且非一血统之种名,乃为一文化之族名。随后他又发表了《国家论》。辛亥革命后,中华民国立国,这样国家的概念才落实到实际的政体。

经过抗日战争,国家这个概念已经深入人心了。但对中国古代的国家,如何历史地来叙述?前国家领导人曾给张先生命题作文:中国古代的国家观。张先生认为国家观这个现代概念在古代拎不清,所以改为缕述我们多民族大一统国家观的历史形成。他认为中国古代的国家主要经过两种形态,一是夏商周为代表的前期国家形态,基本特征是宗法贵族世袭分封制;二是前汉至明清的后期国家形态,基本特征是以皇帝为首的地主官僚中央集权制。中央集权制对于各级官府机构的设计及官吏的职掌基本完善,是古代政治文明的历史典范。张先生强调,我们需要把中央集权和专制主义分开来谈,中央集权制在历史上起到很多进步作用。

中央集权制度保证了秦汉帝国的基本统一和多民族的相互包容。本书所选第二篇文章就是论述我们多民族文化特质以及何谓汉族。文章强调,华夏和蛮夷戎狄,都是族名,既是他称,也是自称。我们今天不可以望文生义,过分强调那些反犬旁的、读音生冷的字词是贬义,甚至有人起意把古籍中那些字词都改掉。所以我们需要文化自信,历史还是本来的历史,但解读历史需要一个现代的开放的眼光。时势使然,比起上述所引梁启超、章太炎、蔡元培、陈独秀诸论述,张先生的文字更显平和雍容。我们现在不再讨论古代国家的有无问题,而是通过文献资源重新建构中国古代国家的特征。这样我们才不会将近代先贤铸就的国家概念再度悬空。

本书最后两篇是关于丝路文化的,旨在研究中国古代文化是怎样参与人类文明发展的。这也暗示读者我们不可以简单地把闭关锁国和古代中国草率对等。研究中国历史,需要一个世界的眼光和基本的人性追求。我们不可以咬牙切齿地数典忘祖,说中国古代漫长的封建制度一言以蔽之专制,或者以一言以蔽之封闭。对于历史,需要多读些材料,实事求是地分析精华和糟粕究竟是什么,不可盲信盲从,拿历史来"先前阔",也不可拿历史来解恨或推诿。

张先生学问渊博是有口碑的,他提出研究要"文献与考古对照,历史与理论结合",研究的目的是"为今天的建设提供借鉴""丰富发展今天的物质生活和精神生活"。所以张先生,并不单单是一个为学术而学术的纯书生,他很关注古为今用,所以他的文章对我们研究当下问题很有启发性。

拉拉杂杂佛头着粪,希望更多的读者能多读读这本书,随张先生思考历史,思考当下。

2018年11月9日定稿

目 录

- 001 / 中国古代国家的历史特征
- 035 / 从华夏和蛮夷戎狄等族名谈到汉民族形成
- 058 / 中国封建时代的土地制度评述
- 074 / 西周封建论
- 089 / 谈谈历史上的中央集权制
- 095 / 秦汉中央集权制度的形成与大一统疆域的奠定
- 122 / 秦始皇的是非得失
- 133 / 西汉初年分封诸侯的得与失
- 147 / 汉唐明清时期的"丝路"文化
- 174 / 从新加坡妈祖庙谈到妈祖信仰源流

中国古代国家的历史特征

中国古代国家是由氏族公社发展演变而来的。中国古代国家的形成和世界上其他古代国家的形成一样，都在经历过一段漫长的原始社会之后才形成的。原始社会最后的社会组织是以生产资料公有制为基础的氏族公社。先为母系氏族公社，后为父系氏族公社，父系氏族公社以父系家长为其首领。众多的氏族公社组成部落和部落联盟。中国古代部落联盟的首领史称为"帝"，著名的有五帝，由推举产生，史称此一时代为"禅让"时代，或"五帝"时代和"官天下""公天下"时代。此后，中国的历史进入前期国家的时期。前期的国家已与氏族公社有根本的不同，其最大的不同是社会生产资料已由公有制转变为私有制（在中国史上称为"土地为国有"）；原来平等的氏族成员已由于贫富分化而形成为剥削阶级和被剥削阶级。原来的社会公益机构都掌握在剥削阶级手中，并演变而成为他们服务的国家机器。国家的首领先是称"帝",后称"王",王位世袭。史称这一时代为"三代"、"三王"或"家天下"时代。

《礼记·礼运》关于"公天下"和"家天下"的基本情况及由前者转变为后者的过程虽有相当的想象成分,但从社会发展史的角度来审查,大致符合实际。关于"公天下",文曰:"大道之行也,天下为公,选贤与能,讲信修睦。故人不独亲其亲,不独子其子,使老有所终,壮有所用,幼有所长,鳏、寡、孤、独、废疾者皆有所养,男有分,女有归。货恶其弃于地也,不必藏于己;力恶其不出于身也,不必为己。是故谋闭而不兴,盗窃乱贼而不作,故外户而不闭,是谓大同。"关于"家天下",文曰:

> 今大道既隐,天下为家,各亲其亲,各子其子,货力为己。大人世及以为礼,城郭沟池以为固,礼义以为纪。以正君臣,以笃父子,以睦兄弟,以和夫妇,以设制度,以立田里,以贤勇知,以功为己,故谋用是作,而兵由此起。禹、汤、文、武、成王、周公,由此其选也。此六君子者未有不谨于礼者也……是谓小康。

小康就是小安,在《礼记·礼运》作者的观念中,这是一个劣于大同，而优于乱世的时代。由于有禹、汤、文、武、成王、周公等圣君贤相倡礼义，设制度，抑制了在私有制下产生的主要弊端，使社会保持在小康水平上。其实这只是后代儒家学者们一厢情愿的想象，所谓"三代"也和所谓"大同"之世一样，都不是人类的黄金时代。夏、商、西周的早期都相当混乱，其后期混乱的程度更加严重，以至于国破家亡。

国家只要存在，就有其特征。特征不是一成不变的，随着历史的发展，特征也在变化。中国古代国家的特征可分为两个大的阶段，在两个大的阶段中，国家的特征截然不同。一、夏商周三代（包括春秋、战国）为第一个阶段，时长一千九百余年，为前期国家的时期，其基本特征是以国王（天子）为首的宗法贵族世袭分封制。二、自秦汉至明清为第二阶段，时长二千余年，为后期国家的时期，其基本特征是以皇帝（亦称天子）为首的地主官僚中央集权制。

一、夏商周以国王为首的宗法贵族世袭分封制

论述夏商周三代的国家特征，由于前两代的有关资料奇缺，说明问题不易。春秋、战国两个时期又处于国家制度的转型时期，国家特征又不典型。因此，本文本段的探讨以西周为

重点,在特征的起源方面可以上溯至夏、商两代,在特征的没落或转型方面,则可以下及春秋、战国时期。

1. 国王"家天下"制度

国王"家天下"是一个时代的特征,如《礼记·礼运》述"天下为家"的情况,其特征体现在各个方面。不过"大人世及以为礼"是被列为首要的特征。所以,西汉韩氏曰:"五帝官天下,三王家天下。家以传子,官以传贤。"① 南宋学者王应麟著《三字经》曰:"夏传子,家天下。"可见由"传贤"到"传子"是时代转变的分水岭,"传子"又是国王"家天下"的主要标志。

在阶级社会中,尤其是在其早期的时代,神化王权和皇权,都是必然的,在某种意义上来说也是必要的,原因不必详举。如王称"天子"就是一例。《尚书·周书·召诰》谓周成王曰:"有王虽小,元子哉!……王来绍上帝,自服于土中。"《礼记·曲礼下》曰:"君天下曰天子。"在现实的生活中,周王处于家长的地位,也是最高统治者,这是毫无疑义的。春秋前期的周襄王曾对晋文公说:"昔我先王之有天下也,规方千里,以为甸服,以供上帝、山川、百神之祀,以

---

① 《汉书·韩氏易传》。

备百姓兆民之用，以待不庭不虞之患；其余以均分公侯伯子男；使各有宁宇，以顺及天地，无逢其灾害。"①此说是符合实际的，但属于一般的概述。具体地说，"家天下"的首先应是"王位世袭制"，其次则是"宗法贵族世袭分封制"。

西周的"王位世袭制"是和宗法制度结合在一起的，即所谓"宗统"和"君统"结合。《诗经·大雅·文王》曰："文王孙子，本支百世。"注曰："本，本宗也。支，支子也。"郑笺曰：文王"以受命造始周国，故天下君之。其子孙适（嫡）为天子，庶为诸侯，皆百世"。宗法制萌芽于氏族公社时期，以血缘关系为纽带，分为嫡、庶关系，以分配其家族的政治、经济权益。其特点是以嫡系为主干，嫡长子一系为本族的大宗，庶子为小宗；庶子在本支为始祖，其嫡系为本支的大宗，庶为小宗。如此推衍，世代相承，如树干之于枝，形成庞大的宗法谱系。

夏、商时期都有宗法，其严密之程度可以研究。商之宗法已相当严密。《史记·殷本纪》记载，商的王位继承是以"父死子继"为主，"兄终弟及"为辅。子以"嫡"为主，弟以"长"为先，此说是符合历史实际的。据统计，商朝共有二十九帝（王），传弟者十三帝（内传堂弟一），传子者十六

---

① 《国语·周语中》。

帝（内回传嫡侄三）。商之后期，自康丁至于纣王（帝辛），四世四帝均为"父死子继"。再考之商的后裔微子启封于宋国传位的情况。《史记·宋微子世家》曰："微子开（启）者，殷帝乙之首子而帝纣之庶兄也。"周灭殷（商），周武王释微子启，成王又封微子启于宋，都商丘（今河南商丘城南）。微子以后，传十二君，至宣公时，已传子十君，传弟二君。与其祖商朝传位"父死子继"为主、"兄终弟及"为辅的制度相同。可是宣公在位时，认为其弟和贤，不愿传位给自己的太子与夷，就对其弟和曰："父死子继，兄死弟及，天下通义也。"和三让而受之，是为穆公。穆公在位九年，病，谓大司马孔父曰："先君宣公舍太子与夷而立我，我不敢忘。我死，必立与夷也。"孔父曰："群臣皆愿立公子冯。"穆公曰："毋立冯，吾不可以负宣公。"于是立与夷，是为殇公。由此可知，宣公所谓"天下通义"，是极而言之，"父死子继"还是基本制度。

近代学者王国维谓商无"嫡庶之制"，只有君统，没有宗统。他的立论根据是："自汤至于帝辛（纣）二十九帝中，以弟继兄者凡十四帝'或'十五帝。""其传子者，亦多传弟之子，而罕传兄之子。"[①]此统计多误，立论亦不正确。

---

① 《观堂集林·殷卜辞中所见先公先王考》。

宗法制度是以血缘关系为纽带以维系政治关系，随着社会经济的发展，政治在变化，此制亦随之陵夷。至西周后期，尤其是平王东迁以后，此制被严重破坏。春秋前期，周王室大夫辛伯曰："并后，匹嫡，两政，耦国，乱之本也。"①"并后"就是"妾如后"，"匹嫡"就是"庶如嫡"，"两政"就是"臣擅命"，"耦国"就是"都如国"，此四事在周之桓王、庄王、惠王、襄王时的王室及诸侯国中都屡屡发生，说明了宗法制度的维系和制约作用已微乎其微了。

2. 宗法贵族世袭分封制

西周的地方行政制度是宗法贵族世袭分封制，当时简称为"封建制"，后来简称"分封制"。在"分封"一名之前所冠以"宗法贵族世袭"之名号，是因为所封是以王室姬姓贵族为主，而且是爵位世袭。《荀子·儒效》曰："周初立七十一国，姬姓独居五十三人。"其他所封，有异姓功臣、边远的大部族首领和古帝王之后等。《左传·僖公二十四年》载富辰谓周襄王曰："昔周公吊二叔之不咸，故封建亲戚，以蕃屏周。"定公四年，卫祝子鱼曰："昔武王克商，成王定之，选建明德，以藩屏周。"分封是为了保卫以周天子为首的姬姓家

---

① 《左传·桓公十八年》。

族的统治。

分封也叫作"受民受疆土",是以宗法制度为基础进行的。具体做法是:周王以京师为中心,划周回千里之地为邦畿,留作自用及分赐给在王室供职的卿大夫等为采邑。邦畿以外的国土,分给诸侯,诸侯亦同于周王,将封区内的土地留作自用及分赐给他的卿大夫等为采邑。士为最后受封的低级贵族,再下则为耕种田地、承受剥削的庶民,是农奴或奴隶身份。《国语·晋语四》曰:"公食贡,大夫食邑,士食田,庶人食力。"说的就是在这种层层分封制下对劳动人民的劳动成果实行层层剥削的情况。

宗法制的紊乱和破坏在诸侯国中表现得尤为突出,也是"并后,匹嫡,两政,耦国"在作祟。以鲁国为例:鲁国是周公旦的封国,向有"鲁有天子礼乐者"之说,得周公旦的真传,可是其后与妃之争、嫡与庶之争,几乎代代有之。司马迁喟然叹曰:"余闻孔子称曰:'甚矣,鲁道之衰也!洙泗之间龂龂如也。'观庆父及叔牙、闵公之际,何其乱也!隐、桓之事,襄仲杀嫡立庶;三家北面为臣,亲攻昭公,昭公以奔。至其揖让之礼则从矣,而行事何其戾也?"① 其他诸侯国的情况也相差不多,司马迁总括之曰:《春秋》一书所记二百数十年间"弑君

---

① 《史记·鲁周公世家·太史公曰》。

三十六,亡国五十二,诸侯奔走不得保其社稷者不可胜数。察其所以,皆失其本矣"。他评论曰:"夫君不君则犯,臣不臣则诛,父不父则无道,子不子则不孝。此四行者,天下之大过也。""臣弑君,子弑父,非一旦一夕之故也,其渐久矣!"①

至战国时期,分封制以残余和变态的形式还存在于各诸侯国中。封号为表示官阶和荣誉,封国、采邑的主要意义为俸禄,封君不再"君国子民",只是衣食租税而已。如魏国的安陵侯曰:"吾先君成侯受诏(魏)襄王以守此地也,手受大府之宪。"又曰:"安陵,小国也,不能必使其民。"②分封制日渐废置,代之而起的是郡县制度。

3. 土地国有制

西周的土地国有制是由氏族公社土地公有制或谓之氏族公社成员集体所有制发展演变而来的。由公社公有演变为国家公有,代表国家的国王攫取了对土地的所有权和对附着在土地上的劳动人民的统治权,就形成了国有和王有不分的土地国有制度,实际上是一种姬姓贵族土地世袭所有制度。此制度是西周王朝的宗法制和分封制赖以存在的物质基础。《诗经·小

---

① 《史记·太史公自序》。
② 《战国策·魏策四》。

雅·北山》曰："溥天之下，莫非王土；率土之滨，莫非王臣。"就是对这一所有制的歌颂，也是当时的基本政治观和国家观的表现。

可是周平王东迁洛邑以后，王室日渐衰弱，在政治上和经济上都依靠一些比较强势的诸侯。周桓王时，由于王室与郑庄公矛盾，桓王曾以周、蔡、卫、陈四国之师伐郑，为郑所败，桓王被射伤。从此，周王之天子的威望更加低落，虽有诸侯共主之虚名，但多数诸侯已不再听命于天子，反而出现了"兴师不请天子，然挟王室之义，以讨伐，为会盟主"①的局面。此时的政治观、国家观，也包括土地所有制观在内，发生了不可逆转的分离主义变化，如楚大夫无宇所说："天子经略，诸侯正封，古之制也。封略之内，何非君土；食土之毛，谁非君臣？"他虽也重复了"溥天之下，莫非王土"的诗句，可是以"君土"代"王土"，以"君臣"代"王臣"，这一字之改，却标志着一个时代在改变。到了战国时期，诸侯的统治权在日益削弱，不少卿大夫掌握了强大的政治、军事权力，还占有大量的私有土地。这些卿大夫制造的代表性事件是"韩、赵、魏三家分晋"和"田氏代齐"。此后，《北山》那首脍炙人口的诗歌虽还在天地之间回荡，可是人们的政治观、国

---

① 《史记·十二诸侯年表·序》。

家观和土地所有制观已发生了根本性的变化。孟子曰:"诸侯之宝三:土地、人民、政事。"赵氏注曰:"诸侯正其封疆,不侵邻国,邻国不犯,宝土地也;使民以时,居不离散,宝人民也;修其德教,布其惠政,宝政事也。"①此说足可证明,《北山》的时代已成历史了。

4.民族主体国家观

夏商周三代时期的国家观是民族主体国家观,这是一种民族关系双重性的国家观。对于中原王朝来说,认为本民族(华夏族)是国家的主体居民,是自己的人;华夏以外的民族,即如东夷、西戎、南蛮、北狄,是异民族,是外人。这就是"内诸夏而外夷狄"②的观点。所以形成这样的观点,主要有两个原因:一是在当时,中原王朝的周围已有众多民族在生产和生活,而且彼此之间已存在联系,无视他们的存在是不可能的,因之,对异族的包容,是华夏族的一个重要优点;二是华夏族的经济比较发达,文化水平也比较高,自认为是有文化的民族,自视甚高,在与异族为争取生存空间而发生矛盾斗争乃至发生战争时,有作为的、理性比较强的政治家多不断协调民

---

① 《孟子·尽心下》。
② 《公羊传·成公十五年》。

族关系，争取和平相处。但其理论观点，都是以本民族为主体。如《尚书·虞书·尧典》曰："协和万邦。"《诗经·商颂·玄鸟》曰："古帝命武汤，正域彼四方。"《殷武》曰："维女荆楚，居国南乡。昔有成汤，自彼氐羌，莫敢不来享，莫敢不来王。"这都是民族主体国家观的表现。

此时边远地区较强大的民族也相继建立国家，史称方国，由于类似的原因，其国家观亦非狭隘的民族国家观，而是具有民族主体国家观的特点。如《史记·楚世家》记，西周后期，楚国兴起于江汉之间，兼并附近小国。其首领熊渠曰："我蛮夷也，不与中国之号谥。"至春秋前期，中原混乱，诸侯互相攻伐，楚武王又曰："我蛮夷也，今诸侯皆为叛相侵，或相杀。我有敝甲，欲以观中国之政，请王室尊吾号。"所以这样，据楚武王说：他的祖先曾任周文王之师，后来只封给"子男"的爵位，他为此而不平，要求给予较高的尊号。楚在春秋的整个时期，一直北进，长期成为中原各国的威胁，尤其是"楚庄王问鼎洛邑"一事，华夏族人莫不心惊；可是楚是最早"向化"的族群，也是最早比较彻底地融于华夏的大民族。

民族主体国家观在平常时期有其民族包容的一面，但在民族对抗时，常常表现出狭隘的民族主义特点。此事在春秋的前中期，一度表现突出。如在南方的楚国和北方的戎、狄极力向黄河流域进犯时,有些华夏人士惊呼:"夷狄也,而亟病中国。南夷与北狄交,中国不绝若线。"①为救援受到山戎、北狄严重侵犯的华夏系燕、邢、卫等国的危亡,齐国的名相管仲竟对齐桓公曰:"戎狄豺狼,不可厌也;诸夏亲昵,不可弃也;宴安鸩毒,不可怀也。"②史称这些言论为"华夷之辨"。齐桓公、晋文公等相继以"尊王攘夷"的口号相号召,领导了中原地区众多的华夏系诸侯国的民族自救运动。大约至春秋中期,即在公元前546年"向戌弭兵"之后,"华夷之辨"才告一段落。

"华夷之辨"方炽之时,民族间和平的经济、文化交流仍时断时续,民族间的同化或融合亦未停止。《韩非子·有度》曰:"齐桓公(前685—前643)并国三十,启地三千里。"又曰:"荆庄王(前613—前591)并国二十六,开地三千里。"《难二》曰:晋"献公(前676—前651)并国十七,服国三十八"。《史记·秦本纪》曰:秦穆公(前659—前621)"伐戎王,益国十二,开地千里,遂霸西戎"。此四大国原来的主体民族有华夏,有荆蛮,可能还有戎狄,被兼并的民族成分更为复杂,这四大国至此时都已是地区性的多民族国家了。有些民族经过数十年,可能会融于华夏族;也有的民族

---

① 《公羊传·僖公四年》。
② 《左传·闵公元年》。

经过一二百年，仍保持其民族的主要特点。以属于晋国的一支戎族为例。鲁襄公十四年（前559），戎子驹支对晋大夫范宣子讲述了他的族人归服于晋国的情况说：

> 昔秦人负恃其众，贪于土地，逐我诸戎。（晋）惠公（前650—前637）蠲其大德，谓我诸戎是四岳之裔胄也，毋是翦弃。赐我南鄙之田，狐狸所居，豺狼所嗥。我诸戎除翦其荆棘，驱其狐狸豺狼，以为先君不侵不叛之臣，至于今不贰。……我诸戎饮食衣服不与华同，贽币不通，言语不达，何恶之能为？[①]

此时的范宣子对于归附晋国百年并在晋国境内生活，还参加过若干军政事务的戎人，犹以异族视之，这就是民族主体国家观的体现。可见民族隔阂之消除并非一日之功。

二、秦汉至明清以皇帝为首的地主官僚中央集权制

秦始皇在公元前221年兼并六国之后的当年，在朝廷上与群臣们讨论，决定废除自西周以来行之八百余年的封建贵族世

---

① 《左传·襄公十四年》。

袭分封制，改行全新的符合多民族、大一统需要的地主官僚中央集权制度。秦亡之后，此新制并未随之消失，而是"汉承秦制"[①]。再后，历隋唐宋元明清而不改，都以之用为国家的基本制度。事实也证明：在任何一个朝代，采用此制而且正常运转者，将会是国泰民安，历纪长久；如由于某种原因而将此制加以损益者，势必招致"华夏鼎沸，黎元殄悴"[②]。可是历史上有一些喜欢言必称"三代"的人，总愿意将秦始皇的某些错误或某个帝王的横征暴敛加在一起，统统作为中央集权制的罪状而加以批判。如说"废圣王之制，谋一家之私"。近年的声势更高，谓之"专制主义""极权主义""专制独裁"等等，以至于说，中国古代根本没有政治文明，只有"封建专制主义传统"，而且还抱怨说"封建专制主义传统至今还没有肃清"。

情况虽如此说，但毕竟还有另外一种声音，反映在认识上却迥然不同。如唐柳宗元说："秦之所以革之者，其为制，公之大者也。……然而公天下之端，自秦始。"[③]清初王夫之说："秦以私天下之心而罢侯置守，而天假其私以行其大

---

① 《后汉书·班彪传》。
② 《晋书·殷浩传》。
③ 《封建论》。

公。"即置郡县为"行其大公"①。民国初章太炎说:"古先民平其政者,莫遂于秦。"②"平其政"即"使人们在政治上平等"。上述三说都言之凿凿,依据于国情,并非托于空言。由此,我受到一种启发,认为在对中国古代的中央集权制评论时,应当一分为二,批判是必要的,但也应当肯定其政治文明的一面。

这一时期国家的基本特征是以皇帝为首的地主官僚中央集权制,具体特征则很多。本段限于篇幅,也为了与夏商周三代的国家特征对照,只谈如下四个比较重要的问题。

1. 皇帝制及其"家天下"因素

皇帝制度是秦始皇首创的以皇帝之名号代替了以国王之名号为国家元首的制度。此制在此后的中国,行用了两千多年。直到1911年孙中山领导的辛亥革命推翻了清朝时才废除帝制,实行大总统制,皇帝制度也从此退出了历史舞台。

国王改称皇帝,并不仅仅是尊号的更换;更换的意义也不仅仅是秦始皇(当时尚称"王")的丞相王绾、御史大夫冯劫、廷尉李斯等所说:"今陛下兴义兵,诛残贼,平定天

---

① 《读通鉴论·秦始皇》。
② 《秦政记》。

下，海内为郡县，法令由一统，自上古以来未尝有，五帝所不及。"① 再深一个层次来说，在此时，旧时的"溥天之下，莫非王土；率土之滨，莫非王臣"的所有制关系及赖以存在的宗法制度已不存在了，代之而产生并在发展的土地私有制和地主官僚政治已经形成为制度。因此，皇帝制度不是一重性质，而是具有"家天下"和"公天下"双重性质。用上引的王夫之的话说："秦以私天下之心而罢侯置守，而天假其私以行其大公。"

封建时代的皇帝，为了树立权威，巩固统治，安定社会，有神化皇权之举；又制造一些凌驾于一切之上的观念；获有超乎常人的物质和精神享受，这些情况在当时是正常的，不仅是皇帝个人的私事，而且涉及国家的制度、政策，应当说还是地主阶级的阶级之事，也是时代之事。如《汉书·高帝纪下》曰：汉七年（前200）二月，刘邦"至长安。萧何治未央宫，立东阙、北阙、前殿、武库、大仓。上见其壮丽，甚怒，谓何曰：'天下匈匈，劳苦数岁，成败未可知，是何治宫室过度也！'何曰：'天子以四海为家，非令壮丽亡以重威。'"至于有些皇帝重用外戚或宦官，还有越法、违制之事，这也要具体分析评价，不应一概而论。真正属于"家天下"的事例，主

---

① 《史记·秦始皇本纪》。

要有两项：一为"皇位世袭制"；二为"皇族特权制"。

皇位世袭制史称"皇统"。按照宗法制度的规定，行嫡长子继承制。如西汉有司请于文帝曰："高帝始平天下，建诸侯。为帝者太祖。诸侯王列侯始受国者亦皆为其国祖。子孙继嗣，世世不绝，天下之大义也。故高帝设之以抚海内。今释宜建而更选于诸侯宗室，非高帝之志也。更议不宜。子启最长，敦厚慈仁，请建以为太子。"①文帝许之。启为太子，后即位为景帝。如皇帝无子，按宗法在皇族中寻觅合适者立之。如东汉殇帝二岁而崩，皇太后邓氏与其兄车骑将军邓骘定策禁中，迎立章帝之孙、清河王庆之子刘祜为皇帝。皇太后作策命曰："朕惟（长安）侯孝章帝世嫡皇孙，谦恭慈顺，在孺而勤，宜奉郊庙，承统大业。"②邓骘上疏曰："陛下躬天然之姿，体仁圣之德……援立皇统，奉承大宗。"③

皇统虽可以借宗法制度以维系，但此后的宗法制度已日薄西山，灵光失尽，所以为皇位的争夺而发生的父杀子、子杀父、兄杀弟、弟杀兄、母杀子、臣杀君之事，几乎历代有之。

"皇族特权制"就是皇帝的父母子女等从国家那里无功

---

① 《汉书·文帝纪》。
② 《后汉书·孝安帝纪》。
③ 《后汉书·邓骘传》。

而获得特殊的政治、经济权力的制度。秦在商鞅变法时,主张"有军功者,各以率受上爵。……宗室非有军功论,不得为属籍",即"无功不及爵秩也"①。秦朝建立,李斯主张"诸子、功臣以公赋税重赏赐之……置诸侯不便"②。秦始皇采纳了这个意见。可是刘邦当了皇帝,却改变了这一制度。他认为秦朝不分封始皇的子弟,致有"孤立之败",于是大封其子弟为九国,占去国土的大半。东汉史学家班固论曰:"藩国大者跨州兼郡,连城数十,宫室百官同制京师,可谓矫枉过其正矣。"③诸侯王都处于半独立状态。君国子民,拥有军政大权。后来为争夺皇位发动了吴楚七国联兵叛乱,史称"七国之乱"。汉景帝命数十位将军、倾全国的军力,才将叛乱镇压下去,七王或被杀,或自杀,国皆废除。从此时起,其他诸侯王的军政大权均被废除,唯得"衣食租税"。至西晋,司马炎因篡魏建晋,又认为曹魏只搞"虚封",也是"孤立之败",就大封宗室为王,割据一方,掌握军政大权。后也因为争夺皇位而发生了"八王之乱",前后混战了十六年,惠帝和皇后被杀,八王中的七王也被杀,再加上天灾不断,瘟疫流行,广大

---

① 《史记·商君列传》及《索隐》。
② 《史记·秦始皇本纪》。
③ 《汉书·诸侯王表》。

劳动人民或死亡或流离失所严重。明朝初年，朱元璋曾封皇子二十四人和一从孙为王，出镇全国各地。后来诸王坐大，有震主之威，于是建文帝开始"削藩"，引致燕王朱棣发动"靖难之变"，并夺得皇位，是为明成祖。明成祖上台，仍继续削藩，直到把诸王之政治权力削尽为止，但所给予的田园府第却是优厚的。清朝也是实行限制皇族、八旗子弟的政治特权却给予优厚田宅的政策。两千多年的历史证明，当年李斯提出的，不分封诸侯，"诸（皇）子、功臣以公赋税重赏赐之"的政策是正确的。

2. 三公九卿制中的"公天下"因素

三公九卿制是秦始皇创立的中央政府机构。三公即丞相、太尉、御史大夫。丞相为"百官之长"，太尉掌军事，御史大夫为副丞相，掌司法和监察。九卿还有列卿相当于今天的中央政府的各部。这一编制的最大特点是突出了皇帝的权位，丞相是皇帝的主要助手，所谓"掌丞天子，助理万机"①。其下属各卿为政、军、法、财分立，由皇帝总其成。说此制中有"公天下"的因素，有如下三方面。

（1）官僚制度——自秦朝以来，中央官吏不再行世卿世

---

① 《汉书·百官公卿表·序》。

禄制度，而代之以官僚制度。官吏们不是来自一家一姓，而是来自"五湖四海"。选官不问身份，唯才是举，在官有俸，官丢俸除，任免升迁均听命于皇帝。但如西汉开国之初，有不少武力功臣主政，后十年、数十年一过，旧臣凋零，就需要通过察举、征辟以补充吏员。察举的科目有贤良、方正、直言、极谏、孝廉、秀才等。此制为后代的科举取士开了先河。获选者由此走上仕途，低者为令丞，高者为卿相，平步青云。这确有"公天下"的性质。然而唐太宗却在看到"新进士缀行而出，喜曰：'天下英雄入吾彀中矣！'"①这也是实际情况，说明其仍有"家天下"之意味。

（2）皇权的制衡制度——"家天下"与"公天下"之判别，皇帝与大臣们权限的划分很重要。尤其是对无上权威的皇帝权力的制衡更为重要。主要制衡方式有三种：一为太傅制度；二为廷议；三为法律。西周即设太傅，为三公之一（另有太师、太保）。秦无三公，西汉高后和哀帝时，设太傅。《后汉书·百官志》曰："太傅，上公一人。本注曰：掌以善导，无常职。世祖以卓茂为太傅，薨，因省。其后每帝初即位，辄置太傅录尚书事。"太傅都以元老重臣充任，为皇帝和大臣们所尊崇，他们教导皇帝修身养性，以德治民，有制衡皇帝的作

---

① 王定保：《唐摭言·述进士上》。

用。皇帝尤其重视对太子的培养教育，历代太子，均置太傅，以培养储君。《后汉书·百官志》曰："太子太傅……职掌辅导太子，礼如师。"又曰："皇子封王，其郡为国，每置傅一人。……傅主导王以善，礼如师，不臣也。"

廷议也叫作朝议、朝会和大议等，是皇帝与大臣们在朝堂上定期集会议事的一种形式。所议有政治、经济、民族、文化、救灾、战争等，参加廷议的官吏有文有武，职位自丞相、太尉、御史大夫、诸侯王、众卿、将军，下至大夫、博士、令长等。廷议的特点是不论官职大小和爵位高低，均可自由发言，平等议事，言者无罪，择善而从。西汉名臣萧望之对皇帝说："朝无争臣则不知过，国无达士则不闻善。"①宣帝常鼓励大臣们在廷议时要勇于发言，不要有所顾忌。唐太宗也曾谓侍臣曰：

> 中书、门下，机要之司。擢才而居，委任实重。诏敕如有不稳便，皆须执论。比来惟觉阿旨顺情，唯唯苟过，遂无一言谏诤者，岂是道理？……自今诏敕疑有不稳便，必须执言，无得妄有畏惧，知而寝默。②

---

① 《汉书·萧望之传》。
② 吴兢：《贞观政要·政体》。

当然面折廷争是有的，因此而获罪于皇帝也是有的，但"兼听纳谏"毕竟是古训，是皇帝们的座右铭，廷议既有制衡作用，也是促使政治清明、社会发展极好的议政形式，因此历代都有所提倡。

一般的说法是封建皇帝的行为不仅不受法律的约束，而且凌驾于法律之上。常用于论证的事例是西汉杜周的一段名言："三尺（法）安出哉？前主所是著为律，后主所是疏为令。"①有人据此把律令说成是皇帝随便一说的产物，这样的观点太过于贬低封建时代法律的地位和价值了。杜周是一位著名的官吏，因打击豪强权贵而获酷吏之名。他任廷尉时，执法很严，但也有很大的缺点，就是看皇帝的眼色行事，"上所欲挤者，因而陷之；上所欲释者，久系待问而微见其冤状"②。这种官风不正、执法不平的情况历代会有很多，但国家律令的产生有一定的法律程序，不可轻易贬低、否定。《后汉书·酷吏列传》记载了一个皇帝、皇族应当遵守国法的故事：董宣为京师洛阳令时，东汉光武帝的姐姐湖阳长公主的家奴杀了一个老百姓。但因这个家奴躲在湖阳长公主家中，官吏捉不到他。有一天，湖阳长公主外出，此家奴驾车，被董宣拦住。董宣批

---

① 《史记·酷吏列传》。
② 《史记·酷吏列传》。

评湖阳长公主包庇家奴,并把家奴当场杀死。湖阳长公主回宫向光武帝哭诉,光武帝大怒,召董宣至皇宫,要棰杀他。董宣对光武帝说:"陛下圣德中兴,而纵奴杀良人,将何以理天下乎?"光武帝理亏,仅要内侍强按董宣的颈项向湖阳长公主叩头赔罪,但董宣两臂撑地,不肯低头。后来光武帝不仅未惩罚董宣,还"赐钱三十万",官复原职。从此,董宣以"强项令"而著名。说明皇帝如果违法,也为道义所不允许。

(3)诸卿的设置和执掌——从《汉书·百官公卿表》可以看出,秦汉时期中央机构的设置及其执掌,都符合当时的多民族、大一统、中央集权国家的需要。主要特点是职事部门(府寺)齐全,各司其职,国家的财政有预算、决算,国家的财政与皇室的开支分开。如国家的财政归大司农(初称治粟内史),掌谷货。属官有太仓、均输、平准、都内、籍田、斡官(主盐铁酒专卖)、铁市等七十个部门。皇室的财政归少府。应劭曰:"少者,小也。"颜师古注曰:"大司农供军国之用,少府以养天子也。"[①]少府的收入不由大司农拨给,而是来自当时归国有的"山海池泽之税"。属官有尚书、符节、太医、太官、汤官、导官、乐官、若卢、考工室、左弋、居室、甘泉居室、左右司空、东织、西织、东园匠等四十个部

---

① 《汉书·百官公卿表》。

门。这些部门很难一概说是为皇帝或后宫私人服务的。如尚书、符节等部门，是皇帝的秘书处或机要处，也是国家的枢机部门。但总的说来，国家的财政是有公私之分的。如《史记·平准书》记西汉前期的情况曰："量吏禄，度官用，以赋于民。而山川园池市井租税之入，自天子以至于封君汤沐邑，皆各为私奉养焉，不领于天下之经费。"中央机构之"公天下"特点十分突出。

在中央设有两个卿级部门，以管理民族事务，很值得注意。《汉书·百官公卿表》曰："典客，秦官，掌诸归义蛮夷，有丞。……属官有行人、译官、别火三令，丞及郡邸长、丞。"又曰："典属国，秦官，掌蛮夷降者。武帝元狩三年（前120）昆邪王降，复增属国，置都尉、丞、侯、千人。属官，九译令。"西汉曾任典客（大行令、大鸿胪）的名人有王恢、李息、张骞、田千秋、韦贤、萧望之、冯野王、平当等；任典属国的有苏武等。中央机构的这种设置和官员的配备，应当说不是为了战争，而主要是为了和平，也是国家由民族国家在向多民族、大一统国家方向发展的标志。

3. 郡县制中的"公天下"因素

秦汉至明清时期的地方行政管理制度是郡县制，大小官吏都是来自地主阶级和庶人，这与西周时期的宗法贵族世袭分封制度有根本的不同。郡县制是秦始皇创立的，郡为地方一级政区，县为二级政区，县属于郡，郡直隶中央。秦始皇在全国初置三十六郡，后增到四十郡。郡设三个主要长官：郡守，掌管行政和军事；郡尉，辅佐郡守，掌军事；监御史，掌监察，直属中央的御史大夫。另有郡丞，为秘书长性质。县亦设三个主要长官：县令（长），掌行政；县尉，掌军事；县丞，掌文书、刑法。县以下设乡、亭、里。郡县级主要官吏都由皇帝任免；乡亭里的头目则由乡举里选，由上级官府任命。东汉为州、郡、县三级制。隋和唐，有时设州、县，有时设郡、县，元朝设行省，行省下设路、府、州、县，或四级，或五级。明清均为省、府、县（州）三级。隋唐以后的地方政区变化较多，但其性质与秦汉基本相同。

以郡县制代替分封制，是中国古代国家制度的一大进步，对中央加强地方管理，巩固国家统一，促进社会经济与文化的发展，都起了重大作用。柳宗元对于这一变化十分看重，给予了极高的评价。他在《封建论》一文中说：两汉"有叛国而无叛郡"，唐朝"有叛将而无叛州"，证明了郡县制是一种好的制度。

当然，在封建时代，自然经济的纽带作用不是很强的，因之其维系政治统一的力量比较薄弱。东汉末年至元朝以前，全国性的分裂共发生过四次，其中的"魏蜀吴三国鼎立"和"五代十国割据"两次，都因东汉末年和唐朝末年的政治黑暗造成，与郡县制没有关系。"东晋、十六国及南北朝"和"南宋、金"两次分裂，则是由北方民族的兴起尔后南进引起的，不仅与郡县制没有关系，亦与通常所说国家分裂不是同一个概念。就是五代十国之分裂割据，其中民族问题的成分也不可低估。如五代之后唐、后晋、后汉的皇帝都是沙陀人，十国中北汉的皇帝也是沙陀人，是后汉高祖刘知远之弟。民族对立造成的疆域分裂，属于民族问题。

同一民族各部分立，要统一比较容易；两个民族分立，要统一就比较困难；如中国古代民族众多，生产方式、生活习惯、宗教信仰、文化爱好等都有很大的差异，要统一则更困难；这需要彼此长时间的交流、理解、学习、包容、吸收，逐步推进统一。郡县制是多民族、大一统的中央集权国家形成发展的重要基础和动力。自秦至清的两千多年间，秦、西汉、东汉、西晋、隋、唐、北宋、元、明、清等十个王朝，以中原王朝为主体的国家疆域基本上是统一的，时长一千六百余年。三国、东晋与十六国及南北朝、五代十国、南宋与金等四个时期，就全国疆域范围来说，处于分裂状态，时长五百余年。可是在这五百余年间,有四百余年为民族对立和战争时期,如上所述,不属于通常所说的分裂。真正分裂的时间只有一百余年。由此看来,统一是中国历史发展的主流,是中国历史发展的基本方面;分裂是中国历史发展的支流,是中国历史发展的次要方面。郡县制在中国古代的统一大业中起到了巩固和推进的作用。

在郡县制中还有一点值得注意,就是在王朝疆域内的民族聚居区设道。道同于县,"有蛮夷曰道"①,是民族区域自治性质。此制亦始于秦。

随着民族关系的发展,至东汉时,在北部边疆地区设使匈奴中郎将,主护南单于;设护乌桓校尉,主乌桓事;在西部设护羌校尉,主西羌事,各有官署部属。

4. 多民族、大一统国家观的形成

民族主体国家观是一种比较稳定的国家观,优点是有开放性、包容性,缺点是有顽固性。由此国家观转变为多民族、大一统的国家观,不是一个量的变化问题,而是一个破与立的问题,是一个质的飞跃问题;但其可能性是存在的。秦始皇二十八年(前219),《琅琊台刻石》曰:"六合之内,皇帝

---

① 《汉书·百官公卿表》。

之土,西涉流沙,南尽北户,东有东海,北过大夏,人迹所至,无不臣者。"①秦拥有如此之疆域和臣民,结合它在中央官制中创设典客和典属国两个卿级机构,可以想见秦始皇和他的主要官员至少已有了多民族、大一统国家观的萌芽。

两汉四百余年间是多民族、大一统的中央集权国家大发展的时期,标志性的事项是国家疆域的奠定,这有《汉书·地理志》和《后汉书·郡国志》记录在案。《汉书·地理志下》曰:

> 本秦京师为内史,分天下作三十六郡。汉兴,以其郡太大,稍复开置,又立诸侯王国。武帝开广三边。故自高祖增二十六,文、景各六,武帝二十八,昭帝一,讫于孝平,凡郡国一百三,县邑千三百一十四,道三十二,侯国二百四十一。地东西九千三百二里,南北万三千三百六十八里。……民户千二百二十三万三千六十二,口五千九百五十九万四千九百七十九。汉极盛矣。

西域地区广大,民族众多,而且流动频繁,西汉时,分为三十六国。汉武帝于太初四年(前101)在西域置使者校尉,

---

① 《史记·秦始皇本纪》。

驻乌垒（今新疆轮台东北），管汉与西域南道诸国事务。至宣帝时，汉又控制了西域北道，改使者校尉为西域都护。从此时起，今巴尔喀什湖以东、以南的广大地区，都成为西汉王朝疆域的一个组成部分。《汉书·西域传上》曰："匈奴之西，乌孙之南，南北有大山，中央有河，东西六千余里，南北千余里。东则接汉，厄以玉门、阳关，西则限以葱岭。"奠定西部疆域是两汉数百年的事业，西汉的张骞与嫁到乌孙和亲的细君、解忧两位公主及东汉的班超等的历史功绩均已载入史册，为后人所传颂。

南越地区的统一始于秦朝，西汉武帝设南海九郡是最后统一的标志，九郡中之儋耳、珠崖二郡就设在今海南岛。西南夷地区的经营也开始于秦朝，汉武帝设益州七郡已解决了问题的大半。至东汉明帝时，设永昌郡于今云南保山地区，建立了中原与掸族地区的联系。这些事实都为形成新国家观提供了基础。

在中国早期的民族关系史上，人们多次认为汉族与匈奴族的关系是个老大难问题。最早由刘邦困于白登山开始，中有"王恢谋马邑，匈奴绝和亲"，前后约有百年的战争或对立时期，最后来了一次以匈奴人为首的"五胡乱华"，不仅颠覆了汉族建立的西晋王朝，还由于民族间的恶性仇杀，引发了史称"永嘉南渡"这一历史悲剧。可是如再深入一步研究，就会发现这只是历史的一面；还有另一面，就是汉与匈奴之间不仅已在相互认同，而且还在加速民族间的融合关系。所以这样，和两大民族间长期的经济、文化交流分不开，而多次的"和亲"关系，尤其是"昭君出塞"都起了里程碑意义的推动作用。《晋书·刘元海载记》曰："汉高祖以宗女为公主，以妻冒顿，约为兄弟，故其子孙遂冒姓刘氏。"西晋末年带头造西晋王朝之反的刘渊就是匈奴人，由此引发了"五胡乱华"。刘渊是个什么样的人呢？《载记》曰：刘渊"幼好学，师事上党崔游，习《毛诗》《京氏易》《马氏尚书》，尤好《春秋左氏传》《孙吴兵法》，略皆诵之，《史》《汉》、诸子，无不综览"。许多当代汉人名士与之往来，朝中的权贵也很看重他。他初为匈奴左部帅，后为晋朝北部都尉、建威将军、五部大都督，封汉光乡侯、宁朔将军，监五部军事。"五部"为分居在今山西、内蒙古伊克昭盟一带的"匈奴五部"，五部的首领都姓刘氏，可见刘渊和他的部众汉化的程度都很深，对汉文化的认同和爱好程度也都不言而喻。我想对他们血统的考究，意义并不太大。问题在于西晋的政治太黑暗了，许多官僚心怀叵测，竟多次对已在西晋朝廷任高官的刘渊进行陷害，如对皇帝说"非我族类，其心必异"等。刘渊趁"八王之乱"起兵实是迫不得已之举。他以"恢复汉室"为号召,起兵之后,"立汉高祖以下三祖(西汉高祖、东汉世祖光武帝、蜀汉昭烈帝)五宗(太宗孝文帝、世宗孝武帝、中宗孝宣帝、显宗孝明帝、肃宗孝章帝)神主而祭之"①。还组成了由汉人任御史大夫的汉制化中央政府。后来北方一度发展演变为以民族斗争为主的分裂割据局面,这另有原因,是民族关系的悲剧。

在北方,还有一支反对刘渊部的民族联军以汉人刘琨为首,另有众多匈奴、鲜卑等族的头人率部与之联合。他们曾于317年,也就是西晋的新都长安被匈奴人刘曜攻破、晋愍帝被俘的六个月后,以"司空、并州刺史、广武侯刘琨,幽州刺史、左贤王、渤海公段匹磾,领护乌丸校尉、镇北将军刘翰,单于、广宁公段辰,辽西公段眷,冀州刺史、祝阿子邵续,青州刺史、广饶侯曹嶷,兖州刺史、定襄侯刘演,东夷校尉崔毖,鲜卑大都督慕容廆等一百八十人上书"给时为晋王的司马睿,劝他称帝。书中有"天地之际既交,华夷之情允洽"②之语。由此事亦可以看出不仅以刘渊为代表的匈奴五部与汉人融合很深,其以东之长城内外各族亦与汉族同样有很深的认同与融合关系。

---

① 《晋书·刘元海载记》。
② 《晋书·元帝纪》。

民族关系的发展，直接影响着汉族和少数民族开明人士国家观的转变。从魏晋以后，这种转变日益明显。如北魏太武帝拓跋焘要"廓定四表，混一戎华"①。唐太宗李世民曰："自古皆贵中华，贱夷狄，朕独爱之如一。"②又曰："混六合以为家。"③金世宗完颜雍谓宰臣曰："天下如一家。"④元世祖忽必烈改国号称"大元"时曰："见天下一家之义。"⑤清康熙皇帝曰："合天下之心以为心，公四海之利以为利。"⑥乾隆皇帝为《杜尔伯特台吉伯仆阿噶什来觐封为亲王诗以纪事》注曰："自秦人北筑长城，畏其南下，防之愈严，则隔绝愈甚，不知来之乃所以安之。我朝家法，中外一体，世家臣仆，皇祖辟此山庄，每岁巡幸，俾蒙古未出痘生身者皆觐见、宴赏、赐赉，恩益深而情益联，实良法美意。"⑦此文可作为多民族、大一统、中央集权国家观已形成的有力证据。

这一新的国家观的形成过程很长，得来不易，历代的文人学士亦多为之讴歌。如东汉文学家兼科学家张衡著《应间》赋

---

① 《魏书·世祖太武帝纪下》。
② 《资治通鉴·唐纪》太宗贞观二十一年。
③ 《唐大诏令集·和蕃》。
④ 《金史·食货志三》。
⑤ 《元史·世祖本纪四》。
⑥ 《清史稿·圣祖本纪三》五十六年诏。
⑦ 《热河志·徕远一》。

曰："今也皇泽宣洽，海外混同，万方亿丑，并质共剂。"北魏郦道元著《水经注·序》曰："绵古芒昧，华戎代袭。"唐朝诗人杜甫赋《严公厅宴同咏蜀道画图》诗曰："华夷山不断，吴蜀水相通。"①而其中的乾隆皇帝则以其伟大的政治家和才气横溢的学者气度，赋《密云道中望长城》诗，更高屋建瓴地表达了他多民族、大一统的国家观。诗曰：

秦时闉堞汉时山，总为天骄守御艰。
此日长城为苑囿，三秋巡狩数经还。

（《日下旧闻考》第七册）

上述史实证明，统一的、多民族的、中央集权国家的形成，是全国各族人民的祖先共同缔造的，多民族、大一统国家观的形成，是全国各族人民共同的精神财富，是今天团结各族人民为共同建设伟大祖国、推动祖国不断前进的重要动力。

---

① 《九家集注杜诗》卷二十三。

从华夏和蛮夷戎狄等族名谈到汉民族形成

近年,联合国教科文组织提出了"国际理解教育"理念,我国也提倡"建立和谐社会"。这两个理念的意义基本一致,都是为推动并树立国与国之间,民族与民族之间,团体与团体之间,各种人群或个人之间的理解与和谐关系。对我们史学工作者来说,也拓宽了研究的视野和空间。可是,史学工作者的队伍庞大,又各有国内、国外的背景,即使同为一国,也有一个对史料的了解、掌握和立场、观点、方法的差异问题存在。因此,早期的研讨,必然分歧很大。当然只要动机纯正,目标一致,总会理愈辩愈明、越走越近。近年有些论著大批"中华主义""中华民族史观",近于无中生有。之所以这样,是因为其对中国古代史上的一些族名,如华夏及蛮夷戎狄等有片面的理解,对这些民族在历史上的相处关系及融合过程,错误地当作资本主义时代的侵略与被侵略关系看待。因之一再推论,把虚构出来的"中华主义""中华民族史观"与"日本殖民史观""帝国主义"等混为一谈。如这样任意发展下去，要求得"国际理解""国际和谐"是不可能的。只有审慎、准确地解读原始资料，严肃认真地进行研究，实事求是地发表意见，特别是要耐心、虚心地听取不同意见，彼此尊重，才能逐步求得理解、和谐，共同走向进步。

华夏和蛮夷戎狄等族名的起源和盛用的时间在夏商周三代，著录较多的文献集中在春秋和战国时期，当时的一些政治或文化代表人物在使用这些族名时，多体现这些族名的本义。他们的某些政治或文化活动，亦体现当时民族关系的性质。这不是说他们的说法或做法都是对的，但其参考价值是很高的，有其代表性。本文限于篇幅，只想谈一下上述族名的本义及当时民族融合的基本过程。

一、华夏族名，既是自称，也是他称

华夏是个复合词，虽其所指为同一族群，但其早期，是单个词使用的。如称"华"或"夏"，后来才复合而为"华夏"，意义未变。"华"字的本义为"荣"[①]。正因为如此，

---

① 《说文解字·华部》："华，荣也。"

自它问世即为历代文人情有独钟，亦为一般群众所偏爱。上古诗歌中亦引用"华"字，如《卿云歌》曰："日月光华，旦复旦兮。"①《诗经·周南·桃夭》曰："桃之夭夭，灼灼其华。"这些诗歌对"华"字的引用，为"华"字在中国文化、思想史上的地位奠定了不可动摇的基础。因此，"华"字在被用为族名时，甚得人们的青睐。"夏"字的本义为"大"②，亦有"华彩"之意。《周礼·天官·染人》曰："秋染夏。"郑玄注曰："染夏者，染五色。"我国古代的第一个王朝称夏，建立于中原地区，为三代之首。开国之君为大禹，有治平洪水、划天下为九州之功绩。综合这些有利因素，以夏为中原地区民族的名称，自然会为有关族群所赞同。

《说文解字·夊部》曰："夏，中国之人也。""中国"在这里是指中原地区。华与夏两个名称使用于同一民族，逐渐合而为一，即称华夏，这也是顺理成章之事。春秋时期，单用华或夏作为族名的事例很多，如《左传·定公十年》引孔子语云："裔不谋夏，夷不乱华。"《疏》引《正义》曰："夏也，中国有礼仪之大，故称夏；有服章之美，谓之华。华、夏

---

① 《尚书大传·虞夏》。
② 《尔雅·释诂上》："夏，大也。"《方言》卷一："夏，大也。自关而西，秦晋之间，凡物之壮大者而伟之，谓之夏。"《诗经·秦风·权舆》："于我乎，夏屋渠渠。"毛传："夏，大也。"

一也。"如举其多数,则前加以"诸"字,为诸华或诸夏。如《左传·襄公十一年》引晋侯语魏绛曰:"子教寡人和诸戎狄,以正诸华。"同书《僖公十五年》曰:"楚人伐徐,徐即诸夏故也。"直称华夏者,也有事例。如《尚书·周书·武成》曰:"华夏、蛮貊,罔不率俾。"《疏》曰:"夏,大也。故大国曰夏。华夏谓中国也。"由此可见,华、夏、诸夏、华夏,都是当时华夏族的族名。

"中国"一名由来已久。最早用作地区名称,是指特定的城邑,如都城。1965年出土于陕西省宝鸡县的何尊,为周成王五年(前1038)时器,尚存铭文一百一十九字,述成王"初迁宅于成周"事,内有"余其宅兹中国,自之辟民……"①又《尚书·周书·梓材》曰:"皇天既付中国民,越厥疆土于先王肆。"兼有地区和居民(族群)者,如《诗经·大雅·民劳》曰:"民亦劳止,汔可小康。惠此中国,以绥四方。"郑笺曰:"中国,京师也。四方,诸夏也。"这些名称都出自华夏人之口,当然都属于自称。但是,当时不仅华夏人这样称呼本族人,就是周边的或杂居于他们地区的蛮夷族人同样如此称呼他们。最早见于记载的,如西周夷王时,远居于南方的楚国

---

① 于省吾:《释中国》,载1981年中华书局七十周年纪念《中华学术论集》。

国君熊渠曰:"我蛮夷也,不与中国之号谥。"①号是爵位,就是生前用的公侯伯子男五等爵。谥是死后用的评功摆好的谥号。换句话说,就是他们蛮夷族人不用华夏族的礼仪制度。再如春秋中期,生活在晋国境内、靠近都城的戎族的一支姜戎氏,其首领戎子驹支对晋国执政范宣子曰:"我诸戎,饮食衣服不与华同,贽币不通,言语不达。"②上引两位所说,凡蛮夷、诸戎,都是自称;凡中国、华,都是他称,皆未显示出其间存在尊卑、荣辱之意。

当年的孔夫子自视甚高,以周公所制定的礼仪制度的卫士自居。他对当时的"礼坏乐崩"感叹不已,愤愤不平。他甚至赌咒发誓曰:"道不行,乘桴浮于海。"③就是要离开混乱的华夏地区,"欲居九夷"④。他去九夷毫无自我贬低之意,只是原有的信仰保持不变。所以他说:要"居处恭,执事敬,与人忠,虽之夷狄,不可弃也"⑤。他对东夷并不存在人身或族群方面的歧视。

孔子对于礼仪的态度,曾是当时的政治、文化领域的行事

---

① 《史记·楚世家》。
② 《左传·襄公十四年》。
③ 《论语·公冶长》。
④ 《论语·子罕》。
⑤ 《论语·子路》。

准则，而且长期存在。大国如西方的秦国，由于是从戎狄地区成长起来的国家，而且长期保持着戎人的习俗，中原的诸侯国就视他们为落后，不让秦国参加中原诸国的会盟，"夷狄遇之"①。对于一些小国，更是如此。如杞（今河南杞县）的国君传说为夏禹之后裔，是周武王封立的。据《左传》记载，杞在春秋初年，还是侯爵②。可是，鲁庄公二十七年《经》记载作"杞伯"。僖公二十三年《经》又记载作"杞子卒"。杜预注曰："杞入春秋称侯，庄二十七年绌称伯，至此用夷礼，贬称子。"《左传》的作者左丘明曰："十一月，杞成公卒，书曰子。杞，夷也。"杜预注曰："成公始行夷礼以终其身，故于卒贬之。杞实称伯，仲尼以文贬称子，故《传》言《书》曰子以明之。"又僖公二十七年《经》曰："春，杞子来朝。"《左传》曰："春，杞桓公来朝，用夷礼，故曰子。公卑杞，杞不共（恭）也。"杜注曰："杞先代之后，而迫于东夷，风俗杂坏，言语、衣服有时而夷。"又文公十二年《经》曰："春，王正月……杞伯来朝。"杜注曰："复称伯，舍夷礼。"由此例可以看出，孔子著《春秋》，坚持了重礼仪的原则，亦为左丘明及后代作注者们所赞同。所以唐韩愈《原道》

---

① 《史记·秦本纪》。
② 《左传·桓公二年》："杞侯。"

曰:"孔子之作《春秋》也,诸侯用夷礼,则夷之;进于中国,则中国之。"

二、蛮夷戎狄族名,既是他称,也是自称

蛮夷戎狄作为一些族群的统称由来已久了,大约与华、夏或华夏之名同时产生。有人说:"称己为'华'而自豪","称他族为'夷'则为蔑视",在文化人类学上或叫作"辱称"。此说过于简单化了。我认为衡量此事,最简单的一个办法是看本民族的反映。如只是他称,本民族并不认同,则此称可能有问题;如虽为他称,但本民族也使用,并不反对,此名可能没有问题。古文献都是华夏文献,所言蛮夷戎狄之名,反映了华夏人的观点,其于族名,自然是华夏人所给予的他称。但其中也有部分是蛮夷戎狄人的自称。如上举楚君熊渠曰:"我蛮夷也,不与中国之号谥。"一百数十年后,至他的七代孙楚武王熊通,亦曰:"我,蛮夷也。……我有敝甲,欲以观中国之政。"再则,上引在晋国境内的戎族首领戎子驹支,亦曰:"我诸戎,饮食衣服不与华同,贽币不通,言语不达。"上引数例,足可证明蛮夷戎狄等族名既是他称,也是自称,不存在蔑视、蔑称、辱称之意。

这些族名并非某个民族的具体名称，是某些族群的统称。有关这些族群的分布、差别、民族特点等，以《礼记·王制》言之最详："中国、戎夷五方之民，皆有性也，不可推移。东方曰夷，被发文身，有不火食者矣。南方曰蛮，雕题、交趾，有不火食者矣。西方曰戎，被发衣皮，有不粒食者矣。北方曰狄，衣羽毛穴居，有不粒食者矣。中国、夷、蛮、戎、狄皆有安居、和味、宜服、利用、备器。五方之民言语不通，嗜欲不同。达其志，通其欲，东方曰寄，南方曰象，西方曰狄鞮，北方曰译。"所谓寄、象、狄鞮、译，都是为互相交流、交换而进行中介翻译的名称。五方之民，中国（华夏）居中央，其他四方则合称"四夷"。如按其方位，夷之名主要用于东方族群，有时亦泛用，如称南夷、西夷或蛮夷、戎夷等。即使蛮、夷、戎、狄一个名称，也包括了众多的民族分支。如《周礼·夏官·职方氏》曰："辨其邦、国、都、鄙、四夷、八蛮、七闽、九貉、五戎、六狄之人民。"《尔雅·释地》则曰："九夷、八狄、七戎、六蛮，谓之四海。"四海即言四夷。当然这些统计性的数字并不准确，但说明了同一族群存在有多个分支是历史的实际。

每个民族都有自己的文化和礼仪。各文化、礼仪相比较，虽有差别、高低，但各有本族的观点和爱好，无须评其是非。

就华夏人评蛮夷文化来说，也时有变化。如在民族关系紧张的春秋中后期，曾发生过"华夷之辨（别）"，有人惊呼："夷狄也，亟病中国，南夷与北狄交，中国不绝若线。"①因之，贬抑蛮夷的言论兴起。但在平时，并不如此。如战国时期的大儒孟子即曰："舜生于诸冯，迁于负夏，卒于鸣条，东夷之人也。文王生于岐周，卒于毕郢，西夷之人也。"又说他们是"先圣后圣，其揆一也"。朱熹注引范氏曰："言圣人之生，虽有先后远近之不同，然其道则一也。"②孟子这样议论、评价舜和周文王时，看不出他有以夷为忌或有辱圣门之思想存在。南北朝时，史学家范晔在《后汉书·东夷列传序》中，根据若干古籍，对于东夷做过这样的评述："《王制》云：'东方曰夷。'夷者，柢也，言仁而好生，万物柢地而出。故天性柔顺，易以道御，至有君子、不死之国焉。夷有九种，曰畎夷、于夷、方夷、黄夷、白夷、赤夷、玄夷、风夷、阳夷，故孔子欲居九夷也。"范晔所据文献有《礼记》《山海经》《竹书纪年》及东汉末应劭《风俗通》等名著。他的说法是否科学，可以讨论。但绝非溢美，或空穴来风。范晔作为一位史学家，他的知识渊博，研究缜密，曾任南朝宋的左卫将

---

① 《公羊传·僖公四年》。
② 《孟子·离娄下》及朱熹注。

军、太子詹事等高官，遍览群书。他所著《后汉书》是深研东汉以来的各家《后汉书》之后，删繁就简、取精用宏而成，在我国的"二十四史"中，属于优秀著作之一。因此，对他的议论应予尊重。他之对于东夷族名的解读含有字义、族性及社会多层意义，不但毫无蔑辱之意，且使人产生好感，如与"华"字相比，并不逊色。

三、华夏与蛮夷戎狄融合而为汉族的历史进程

世界上今天存在的民族，不论大小，都是由古代众多的族群融合而成。历史上民族融合的过程是人类社会发展进步的过程。民族融合往往是在两种情况下进行的。一是相邻的两个以上的民族，大小相当，社会生产力水平相近，关系密切，长期互相学习、容纳、婚配，最后你中有我，我中有你，形成一个新的民族。二是两个民族的大小悬殊，生产力水平差别很大，虽亦有交流、互补，但最大的、生产力高的民族在融合的过程中起主导的作用。小的、生产力低的民族逐渐消失自己的民族特点，变成大民族的一部分，也丰富发展了大民族。如果这是自然发生发展的现象，仍属于人类社会必然的进步的现象。如是大民族以暴力强制合并小民族，则为民族强制同化现象，是

侵略，应当谴责。

民族融合，在原始社会后期的任何一个地区，只要有不同的族群存在，就会有民族融合之事发生，而且日益发展。中国的夏、商、周三代，已有华夏族。蛮夷戎狄之名大约在夏朝已经出现了。如商汤伐夏桀的文告《仲虺之诰》曰："初征，自葛。东征，西夷怨；南征，北狄怨。"孔传曰："西夷、北狄，举远以言，则近者著矣。"[①]此时，不仅在黄河流域已有不同族群共居，而且各有名称，民族融合之事也以不同形式不同速度在发生变化。

中国古代民族融合的历史，古人早已注意到了。如有人用国名与族名不分的统计法述曰："夏时诸侯，号称万国，至商而有三千，至周而有八百，至春秋，存者仅百余国。"战国后期，赵国名将赵奢曰："今取古之为万国者，分以为战国七。"[②]七国国内的民族成分虽各有不同，但其主体民族已经不再称之为华夏或蛮夷戎狄了，而代之以秦人、楚人、齐人，燕及韩、赵、魏人。这些名称都是以原华夏和蛮夷戎狄等族的主体部分融合而成的新的共同体。这七个共同体的基本民族素质相同，所以在秦始皇消灭六国、统一中国之后，都被称作秦

---

① 《尚书·商书·仲虺之诰》及注。
② 《战国策·赵三》。

人。在秦亡汉兴之后，又都被称作汉人，汉人也就是汉族。

华夏与蛮夷戎狄融合而为汉族的过程，时间极长而内容丰富。其主要而关键性的一段时间为自西周初年到战国末年。限于篇幅，我将此段时间分三个时期，简要介绍如下。

1. 西周时期

在民族地区，政治上实行绥靖政策，文化上实行包容政策。

西周初年的疆域主要包括了黄河中下游一带。其势力范围，则南到淮水流域，北到燕山附近。用春秋时期王室大夫詹桓伯的话说："我自夏以后稷，魏、骀、芮、岐、毕，吾西土也；及武王克商，蒲姑、商、奄，吾东土也；巴、濮、楚、邓，吾南土也；肃慎、燕、亳，吾北土也。"[1]所谓政治上的绥靖政策，就是在分土封侯制度下的安抚平定政策。周王室称这种制度和政策为"封建亲戚，以蕃屏周"[2]。具体事例如管仲在讲述当年姜太公受封为齐国国君时的情况说："（周成王）命我先君太公曰：'五侯、九伯，女实征之，以夹辅周室。赐我先君履，东至于海，西至于河，南至于穆陵（今山东临朐南），北至于无棣（今河北东南部）。'"孔《疏》

---

[1] 《左传·昭公九年》。
[2] 《左传·僖公二十四年》引东周王室大夫富辰语。

引《正义》曰:"大公为王官之伯,得以王命征讨天下。随罪所在,各致其罚。故五等诸侯,九州之伯,皆得征讨其罪。"①后来齐桓公举行会盟,征伐"叛逆",乃至南伐楚国,都是打着这一旗号。西周初共分封诸侯七十余国,其绥靖要求大同小异。②

所谓实行文化包容政策,就是在所分封的民族地区内,实行照顾原住族群的风俗习惯、法律制度,这样有利于改善民族关系和保持社会稳定。如周成王封鲁国国君伯禽的诰命曰:分以"殷民六族:条氏、徐氏、萧氏、索氏、长勺氏、尾勺氏,使帅其宗氏,辑其分族,将其类丑,以法则周公,用即命于周,是使之职事于鲁,以昭周公之明德"。封康叔为卫国国君时,其诰命曰:分以"殷民七族:陶氏、施氏、繁氏、锜氏、樊氏、饥氏、终葵氏……命以康诰,而封于殷虚"。并命鲁、卫两国国君对商(殷)、奄遗民的统治,要注意"皆启以商政,疆以周索"。杜注曰:"皆,鲁、卫也。启,开也。居殷故地,因其风俗,开用其政;疆理土地以周法。索,法也。"孔《疏》曰:"修其教,不易其俗;齐其政,不易其宜。是言

---

① 《左传·僖公四年》及《疏》。
② 《左传·昭公二十八年》引东周王室大夫成鱄曰:"武王克商,光有天下,其兄弟之国者十有五人,姬姓之国者四十人,皆举亲也。"《荀子·儒效篇》:"武王崩,周公兼制天下,立七十一国,姬姓独居五十三人。"

王者布政,当顺民俗而施之也。此民习商之政为日已久,还因其风俗开道以旧政也。"封唐叔为晋(初称唐)国国君时,其诰命曰:分以"怀姓九宗,职官五正。命以《唐诰》,而封于夏虚。启以夏政,疆以戎索"。杜注曰:"太原(夏虚)近戎而寒,不与中国(中原)同,故自以戎法。"①

西周王朝以分封制的国家制度为依托,在民族地区实行政治绥靖、文化包容的"怀柔"政策,为推动早期的民族融合关系创造了极为有利的条件。②

2. 春秋时期

大国争霸主要是族群争霸。齐桓、晋文倡导"尊王攘夷",是华夏族的自救运动。蛮夷争霸在政治上处于优势;但他们主动接受高度发展的华夏文化,其族群逐步融入正在转变更新的华夏族。

春秋时期的大国争霸发端于楚国。早在公元前706年,楚武王就在北伐随国时声言:"我,蛮夷也。今诸侯皆为叛相侵,或相杀。我有敝甲,欲以观中国之政,请王室尊吾号。""乃

---

① 以上均引自《左传·定公四年》及注。
② 《左传·僖公二十四年》引富辰曰:"周之有懿德也,犹曰莫如兄弟,故封建之。其怀柔天下也,犹惧有外侮。捍御侮者,莫如亲亲,故以亲屏周。"

自立，为武王，与随人盟而去。于是始开濮地而有之。"①这比齐桓公"始霸"之年（前667）要早四年。楚武王死，其子文王继续北伐，"陵江、汉间小国，小国皆畏之"。其孙成王于前671年"即位"，布德施惠，结旧好于诸侯。使人献天子，天子赐胙，曰："镇尔南方夷越之乱，无侵中国。"于是楚地千里。②这比周天子"赐齐桓公为伯"之年（前667）要早四年。此后，楚国一直是江、汉流域诸国的霸主，并不断北伐，拓展疆域。至楚庄王时，于前606年北伐陆浑之戎，陈兵于周天子的京师洛邑城外，他还毫不客气地询问周天子的代表王孙满有关镇国之宝九鼎的大小轻重，意"欲逼周取天下"③。《韩非子·有度》曰："荆庄王并国二十六，开地三千里。"此说并不虚夸。

此时在北方又有戎狄等族南下，侵伐华夏诸侯。如前663年，山戎伐燕。前658年，狄人破卫，杀卫懿公，又灭邢国。这是一种什么形势呢？正如上引《左传》曰："夷狄也，亟病中国，南夷与北狄交，中国不绝若线。"怎么办呢？司马迁分析说："是时，周室微，唯齐、楚、秦、晋为强。晋初与会，

---

① 《史记·楚世家》。
② 以上皆引自《史记·楚世家》。
③ 《史记·楚世家》及《集解》引杜预注。

献公死，国内乱。秦穆公辟远，不与中国会盟。楚成王初收荆蛮有之，夷狄自置。唯独齐为中国会盟，而桓公能宣其德，故诸侯宾会。"这也是时势造英雄。齐桓公在救燕、卫、邢等国时，立有一定功劳。但在南伐楚时，仅到了陉山（今河南郾城东南），即为楚将屈完所阻，不战而退兵。时隔一年，楚国连年北伐许、黄，灭英。可见齐桓公与管仲大肆宣扬的所谓"九合诸侯，一匡天下"[1]云云，过于夸张了。但在当时，对所谓"尊王攘夷"的民族自救运动，还是起了一定的鼓舞作用。

后来晋文公虽曾继承此事业，在城濮（今山东鄄城西南）一战，打败了楚国。又在践土（今河南原阳）与一些诸侯举行会盟，约定"皆奖王室"[2]。其实都是言过其实。所谓城濮之战，只是与楚国的一小支军队交战。《史记·楚世家》曰："夏，（楚）伐宋，宋告急于晋，晋救宋，成王罢归。将军子玉请战，成王曰：'重耳亡居外久，卒得反国，天之所开，不可当。'子玉固请，乃与之少师而去。晋果败子玉于城濮。成王怒，诛子玉。"[3]晋文公在位只有九年，主要忙于平定周王室内争，又伐曹、伐卫，围郑，与秦斗争。这一切活动

---

[1] 以上引自《史记·齐太公世家》。
[2] 《左传·僖公二十八年》。
[3] 《史记·楚世家》。

都是为了树立其霸主的地位。①城濮在今黄河以北,地处郑、卫、晋及周王室所居洛邑四国中间。楚军长驱直入到此地,已够惊天动地的了。晋为伐曹伐卫而路遇楚军,打了一个胜仗。虽说打得漂亮,就其意义来说,主要还是在于"尊王攘夷"的宣传需要。于事实来说,过于夸大了。此时,周王室及华夏族各大诸侯国的统治集团已相当腐朽,原有的宗法制度遭到严重破坏,"并后,匹嫡,两政,耦国"的坏毛病普遍存在。所谓"尊王攘夷",并不齐心,各有打算,不可能团结对楚。

所以说蛮夷争霸在政治上处于优势,四次大的民族间争霸会盟上情况足可证明。第一次会盟是前643年在盂(今河南睢县西北)举行,原拟由宋襄公主盟。但会还未举行,宋襄公即被楚人逮捕,关了数月才被释放。宋又伐楚,宋师大败,宋襄公受伤而死。第二次会盟是前546年在宋国参加向戌弭兵之盟。与会共十四诸侯②,协议以晋、楚两大国为盟主,除齐、秦两个二等国不作从属国看待外,其余十个三、四等诸侯国不分原属于晋还是楚,今后要互朝晋、楚,承担晋、楚两国所给

---

① 《史记·晋世家》:"二年(前635)春,秦军河上,将入(周襄)王。赵衰曰:'求霸莫如入王尊周。周晋同姓,晋不先入王,后秦入之,毋以令于天下。方今尊王,晋之资也。'"

② 与会的十四诸侯为晋、楚、齐、秦、鲁、宋、郑、卫、曹、许、陈、蔡、邾、滕。

予的义务。此次会盟从表面看来,晋、楚打了个平局;其实代表蛮夷的楚国赢了,代表华夏的晋国输了,因为华夏十个中小诸侯国都要朝楚。第三次会盟是公元前482年吴王夫差与晋定公会于黄池(今河南封丘)。本来晋定公已同意屈居次位,让吴王首先歃血,为盟主。但因越国偷袭吴都,并杀死了留守的吴太子。这一偶然事件促使吴王夫差急忙回师抗越,就让盟主于晋定公,使此会盟不了了之。第四次会盟是前477年越王勾践与齐、晋诸侯会于徐州(今山东滕州)。"当是时,越兵横行于江、淮东,诸侯毕贺,号称霸王。"①

上述这一系列的民族会盟,华夏族代表几乎都处于劣势,而蛮夷代表都处于优势,并获得了基本的胜利。

可是上述情况都属于军事、政治情况,属于硬实力;还有软实力,也就是文化思想的力量还未论及。在当时,华夏文化思想对比蛮夷戎狄的文化思想,有相当高的发展,处于绝对的优势。华夏文化在数百年间,以潜移默化之力对周边的蛮夷戎狄各族产生着巨大而深刻的影响,蛮夷各族自觉不自觉地在学习吸收华夏文化这一事实,在民族融合的进程中起了无可比拟的作用。这里举如下五例。

(1)上引前560年,戎子驹支在与晋执政范宣子争辩之

---

① 《史记·越王勾践世家》。

后,"赋《青蝇》而退"①。范宣子不但未发火,反而表示了道歉之意,接受了批评。这种以吟诵诗歌以表达思想情感的方式是一种高尚礼仪,只行用于当时的国君和卿大夫中。此事反映了戎人在华夏化。

(2)楚庄王命楚大夫士亹任太子傅,所开列的功课有十种之多。其中包括了《春秋》《诗》《礼》《乐》《故志》《训典》等文化知识类,还有养成忠、信、义、礼、孝等修身项目及有关文、武、赏、罚等政事科目。此太子名审,就是后来的楚共(恭)王。所学功课与华夏的齐、鲁贵族无甚差异。②孟子曰:"吾闻用夏变夷者,未闻变于夷者也。陈良,楚产也,悦周公、仲尼之道,北学于中国。"③可见楚国贵族统治集团中华夏化的倾向已比较突出。

(3)"郯子论官"也是一件突出的华夏化的事例。郯(今山东郯城北)是东夷的一个小国,国君郯子于前524年访问鲁国。在鲁昭公的宴会上应主人之请,他讲他的祖先少昊氏为什么以鸟名官时,又讲到黄帝"云师云名",神农"火师火

---

① 《左传·襄公十四年》。《诗经·小雅·青蝇》,这是一组讽刺君长听信谗言的诗歌。郑笺曰:"蝇之为虫,污白使黑,污黑使白,喻佞人变乱善恶也。"
② 《国语·楚语上》。
③ 《孟子·滕文公上》。

名",伏羲"龙师龙名"等。这一套远古官制早已失传。孔子闻知,大为震动,自愿拜郯子为师。而且叹曰:"天子失官,学在四夷。"①

(4)吴国虽说是周太王(古公亶父)之子仲雍之后裔,但僻处荆蛮,椎髻文身,无中国之礼,已是事实。但至春秋时期,也在努力学习华夏文化。如吴公子季札,于公元前544年出使鲁国,在欣赏周代传统的音乐诗歌时,加以分析,借此说明周朝和有关诸侯国的盛衰大势。他还访问了齐、郑、卫、晋等国,结交了许多政要和士大夫,甚受好评。清高士奇评曰:"(季札)名闻诸侯,所至倾动,顾不翩翩浊世之贤公子哉?"②

(5)秦在公元前753年"初有史以纪事,民多化者"。前409年,"令吏初带剑"。还设立市集,编制户籍,大力改革。③

3. 战国时期

战国时期是中国古代史上的一个大变革的时代,把春秋时期已在酝酿萌发的变革推上了高潮。变革的范围包括了政治、

---

① 《左传·昭公十八年》疏引《正义》引王肃云:"郯,中国也。"
② 清高士奇:《左传纪事本末》卷四九《季札让国》。
③ 《史记·秦本纪》。

经济、文化和社会,可谓遍及方方面面;但其核心的变革是国家观的转变。西周时期的国家观是国与王不分,国与华夏族不分,以宗法系统为基础建立政治统治制度。反映这一制度的代表性言论是《诗经·小雅·北山》:"溥天之下,莫非王土;率土之滨,莫非王臣。"可是西周灭亡,平王东迁;周天子昔日的辉煌已不复存在,东迁洛邑的周天子已无声威可言。而有些诸侯如齐、晋、秦、楚等国日益强大,挟天子以令诸侯。时代已经变了,所以孔子叹曰:"天下有道,则礼乐征伐自天子出;天下无道,则礼乐征伐自诸侯出……陪臣执国命。"①不仅周天子徒有虚名,许多诸侯国的君主也被架空。由于"并后、匹嫡、两政、耦国"之事普遍存在,由此而引发的内争外斗严重,只在《春秋》一书所记二百数十年间,"弑君三十六,亡国五十二,诸侯奔走不得保其社稷者不可胜数"。究其原因,司马迁评论曰:"夫君不君则犯,臣不臣则诛,父不父则无道,子不子则不孝。此四行者,天下之大过也。"②春秋时期,鲁之三桓及晋的六卿③之乱,战国时期的三家分晋

---

① 《论语·季氏》。
② 《史记·太史公自序》。
③ 三桓:春秋、战国时期掌握鲁国政权的三家贵族,即孟孙氏(一作仲孙氏)、叔孙氏、季孙氏,三族都是鲁桓公的后裔,故称三桓。六卿:春秋时期晋国的范、中行、知、赵、韩、魏六大家族,世代为晋卿,故称六卿。

及田氏代齐,都是一些典型性事例。所以国家观的改变是历史的必然。

国家观早期的改变发生在春秋时期,楚大夫无宇之说最具代表性:"天子经略,诸侯正封,古之制也。封略之内,何非君土;食土之毛,谁非君臣。"①他虽也重复了一下"溥天之下,莫非王土"的诗句,可是以"君土"代"王土",以"君臣"代"王臣"的篡改,绝非小事,而是意味着旧的"溥天之下,莫非王土"的国家观在破除,新的、割据性的"封略之内,何非君土"的国家观在产生。至战国时期,这一情况更具有进一步的实质性的改变,宗法的、族群的因素基本消失,以疆域和人民为根本的国家观基本确立。所以,孟子曰:"诸侯之宝三:土地、人民、政事。"赵氏注曰:"诸侯正其封疆,不侵邻国,邻国不犯,宝土地也;使民以时,居不离散,宝人民也;修其德教,布其惠政,宝政事也。"②战国时期各国的改革都是在这一新的国家观的指导下进行。改革的直接目的是为了富国强兵,它的潜在而伟大的作用则是推动原来的被称作

---

① 《左传·昭公七年》。
② 《孟子·尽心下》及注。
《三国志·蜀志·诸葛亮传》:"与友人善。"南朝宋裴松之注:"若使游步中华,骋其龙光,岂夫多士所能沈翳哉。"《魏书·韩显宗传》:"(显宗上书曰:)自南伪相承,窃有淮北,欲擅中华之称。"后来中华成为我国的国号和全国民族的统称。

华夏和蛮夷戎狄各族间的加速融合,为早期中国的政治大一统和后来被称为秦人、汉人、汉族、汉民族、中华民族的形成创造了极为有利的条件。继续完成这一伟大事业的历史重任则是由秦汉以后历代我国各族人民承担并逐步推进。

中国封建时代的土地制度评述

中国封建时代的土地制度,如从西周讲起,先后经过了两个大的阶段。从西周初年到春秋末年为土地国有制阶段,从战国初年到鸦片战争以前,为土地私有制阶段。土地私有制阶段的时间很长,在这期间,封建国家曾先后实行过屯田、占田、均田政策或制度,使这两千多年的土地私有制的历史,呈现出明显的阶段性来。因此我们又可细分:从战国至两汉,三国至隋唐,宋至明清为三个小的阶段。以上各阶段的土地制度虽均属封建性质,但由于各种原因,又各有其特点。现分述如下:

一、西周至春秋的土地国有制度

西周时期,实行土地国有制度。封建土地国有制是当时封建领主制社会的基础。这一所有制自西周至春秋,共存在了六百余年。所谓土地国有制,实际是土地归以周天子为首的领主贵族所有。广大农业劳动者是他们的农奴。《诗经·小雅·北山》曰:"溥天之下,莫非王土;率土之滨,莫非王臣。"这首诗歌就是赞颂当时的这种土地所有制的。

周天子对于土地拥有所有权。他把以都城丰、镐(今陕西省西安市西南)为中心的关中地区划为邦畿,将邦畿内的部分土地留归王室,其他大部分土地分赐给在王室供职的卿、大夫以为采邑。又把邦畿以外的广大土地分封给自己的亲属、功臣以为诸侯,建立邦国。诸侯们再把封区内的土地,部分留归自己,另一部分分赐给自己的卿、大夫以为采邑。天子和诸侯的卿、大夫又把采邑内的土地自留一部分,另一部分分赐给士,士亦自留一部分,把其余的部分给农奴耕种。诸侯、卿、大夫和士虽为领主贵族,但对于土地只有占有权和使用权,没有所有权。土地不许买卖,即所谓"田里不鬻(通鬻,yù,卖也),墓地不请"[①]。

由于土地所有权属于封建国家,当时的土地都是公田。这可以叫作广义的公田。但如上所述,各级贵族在分配土地时,都留有部分自用;这部分自用土地也叫作公田,这是狭义的公

---

① 《礼记·王制》。

田。分配给农奴的田地叫作私田。公田由农奴无代价地集体耕种，收获物归直接统治他们的领主贵族所有；私田是农奴的份地，由农奴自己耕种，收获物归农奴私有，作为继续为贵族领主提供劳役的物质条件。这是一种以劳役地租为主的剥削形式。《国语·晋语四》曰："公食贡，大夫食邑，士食田，庶人食力。"就反映了这一剥削制度的情况。孟子所谓的"井田制"，即"方里而井，井九百亩，其中为公田，八家皆私百亩，同养公田，公事毕，然后敢治私事"[1]，说的也是这一剥削制度。虽然孟子把公田、私田的布局过于理想化了，但其记述劳役地租的情况是可信的。这时的劳役地租包括了后代的耕地税在内。也就是说，地租和课税（耕地税）是结合在一起的。

春秋前中期，井田制开始动摇，土地私有制正在萌发之中。发生这一变化的主要原因有二：一是社会生产力的新的发展，主要是铁制农具及牛耕技术的出现和应用，大大提高了社会生产力，使土地的使用价值日益提高，人们对于土地的独占要求也日益强烈。二是平王东迁以后，天子权力日衰，空有"共主"之名。各地诸侯各自为政，独立发展，诸侯们把封疆内土地视为私产。过去的所谓"溥天之下，莫非王土；率土之滨，莫非王臣"的旧的所有制原则已经过时了，取而代之的

---

[1] 《孟子·滕文公上》。

是"封略之内，何非君土；食土之毛，谁非君臣"①的新的所有制原则。"王土"变为"君土"，"王臣"变为"君臣"，一方面，反映了天子与诸侯间权力的消长；另一方面，也反映了土地所有制在发生变化，就是土地国有制已经开始由动摇而破坏，有向土地私有制转化的趋势。此后，在《春秋》一书所载的二百四十多年历史中，与土地有关的事件竟有一百多起，这说明了土地的争夺已成为当时的时代内容。

土地转向私有的途径是很多的，主要有三条：一为掌权的贵族侵夺本国、他国的土地以为私田；二为诸侯以土地赏赐臣下；三为中下级贵族和劳动人民开荒。

春秋时期，开垦荒地以为私田之事日益增多，私田的数量日益增大。且隐而不报，不缴纳赋税。私田多为自耕农经营，或由新兴地主以实物地租的剥削形式出租给佃农耕种。因耕农和新式佃农的生产积极性较高，生产力亦有新的发展。可是，在井田制下劳动的农奴们则不堪忍受领主贵族日益残酷的剥削和奴役，有的消极怠工，有的被迫逃亡，致使公田荒芜。此外，农奴起义、国人暴动也一再发生。在这样的情况下，许多诸侯为了增加财政收入，以维持他们摇摇欲坠的统治，先后进行了赋税改革。公元前645年，晋国"作爰田"。大约与此同

---

① 《左传·昭公七年》。

时，齐国"相地而衰征"。前594年，鲁国"初税亩"。前548年，楚国"量入修赋"。前408年，秦国"初租禾"。其中最有代表性的是鲁国的"初税亩"，其做法是：不论公田、私田，一律按亩纳税，税率为亩产量的十分之一。这一改革一度扩大了封建国家的税源，充实了财政。可是也加速了井田制的瓦解，促进了土地私有制的产生。到春秋后期，土地国有制也就是井田制基本瓦解，土地私有制产生了。

二、战国至两汉土地私有制的确立和发展

按照马克思主义的观点，土地私有制的主要标志是土地自由买卖。早在春秋后期，我国已有土地买卖的迹象。到了战国时期，土地买卖盛行。这说明了自春秋后期到战国时期土地私有制已经产生，而且有了相当的发展。《史记·赵奢列传》记载：赵括母谓赵王曰："今（赵）括一旦为将，东向而朝，军吏无敢仰视之者。王所赐金帛，归藏于家，而日视便利田宅可买者买之。"《汉书·食货志上》引董仲舒曰："至秦则不然，用商鞅之法，改帝王之制，除井田，民得卖买，富者田连阡陌，贫者亡立锥之地。"这些记载都说明了在战国时期，土地买卖是很盛行的。秦始皇统一六国，不仅从政治上铲除了旧

贵族割据势力，也在经济上进一步扫荡了封建领主制度，这都对社会经济的发展起着巨大的作用。秦始皇三十一年（前216），又下令，"使黔首自实田"①，就是使人民据实向官府登记归自己占有的土地数量，以便按亩纳税。这是土地私有制在全国范围内合法化的标志，也是这一制度确立的标志。土地私有制产生，地租就和课税分离。佃农向地主缴纳的贡献曰租，地主或其他土地所有者向国家缴纳的贡献曰税。自战国至秦，地租率为"见税什五"，耕地税率为"十一而税"。

两汉时期，土地私有制进一步发展，土地买卖盛行。有钱的人可以购买（包括强取豪夺）田地而成为地主。如卜式"入山牧十余岁，羊致千余头，买田宅"②。卓文君和她的丈夫司马相如在成都，"买田宅，为富人"③。富商大贾"田连阡陌"的很多。自耕农在当时商品经济大发展的社会中，是一个游离的阶层。虽有小块土地，往往因贫困而出卖，以致破产。政论家晁错曰：农民"当具有者，半贾而卖；亡（无）者，取倍称之息。于是有卖田宅，鬻子孙，以偿责者矣！"④

两汉时期，土地买卖已使用契约。马克思说：订结契约的

---

① 《史记·秦始皇本纪》集解引徐广语。
② 《汉书·卜式传》。
③ 《史记·司马相如列传》。
④ 《汉书·食货志上》。

双方"必须彼此承认对方是私有者"①。汉代的土地买卖关系使用契约这个事实，进一步证明了当时的土地制度是私有制的，土地买卖是关系双方自由自愿的。汉代的土地买卖契约实物，今天能看到的有两种。一种是真正的契约实物，如居延汉简中的《受奴卖田契》，可能是西汉中后期的遗物，已残。文曰："囗置长乐里受奴田卅五亩，贾钱九百，钱毕已。丈田，即不足，计亩数环（还）钱。旁人淳于次孺、王充、郑少卿，古（沽）酒旁二斗，皆饮之。"②这个契约的内容已相当完善。还有一种土地买卖契约是随葬品，多为铅质和玉石质，其内容和上述《受奴卖田契》基本相同。

租佃关系是以土地私有制为基础建立起来的一种剥削关系。马克思说："地租的占有是土地所有权借以实现的经济形式，而地租又是以土地所有权，以某些个人对某些地块的所有权为前提。"③这时的租佃关系与西周、春秋时期的租佃关系有很大的不同，就是以实物地租为主，人身依附关系也大大削弱，而且还使用了租佃契约。《汉书·沟洫志》汉武帝诏曰："今内史稻田租挈重，不与郡同，其议减。"师古

---

① 《资本论》，人民出版社1975年版第一卷第102页。
② 中国社会科学院考古研究所编：《居延汉简甲乙编》。
③ 《资本论》第三卷第三十七章《导论》。

曰:"租契,收田租之约令也。郡谓四方诸郡也。"①这是封建官府与佃农建立的租佃关系。即官府将一些国有土地出租给农民耕种,进行地租剥削,称"假民公田"。官府在出租土地时,不是以一个政权机构与佃农发生政治隶属关系,而是作为土地所有者与佃农发生经济关系。这时,民间的租佃关系进一步发展,并且比西周时期要自由一些。地租率约为"见税什五"。

两汉的土地所有者要向封建国家缴纳耕地税。汉高祖"轻田租,什五而税一"。汉景帝"令民半出田租,三十而税一"。西汉前期,耕地税一再减轻,受益最大的是"田连阡陌"的大地主。对于土地不多的自耕农来说,好处不大。而对于无地少地的佃农,则更没有什么好处。因为地主对佃农的地租剥削量并不因耕地税的减轻而减轻。

三、魏晋至隋唐的屯田、占田和均田

从东汉末年到唐朝初年,包括黄河、长江两大流域在内的广大地区长期处于农民战争或民族战争之中,广大人口散亡,土地荒芜,社会经济凋敝。在这期间,王朝的更换也很频繁。但每个新建王朝为了巩固他们的统治,都要对这一社会经济状

① 《汉书·沟洫志》。

况提出对策。如曹魏曾在河南一带和淮水流域实行屯田制，西晋在全国范围实行占田制，北魏在北方实行均田制。隋统一全国后和唐朝前期，又在全国范围实行均田制。实行这样一些新的田制或政策的大前提，是把荒芜的土地乃至全国的土地，看作是国有土地。如《后汉书·仲长统传》引《昌言·损益》曰："今者，土广民稀，中地未垦，……其地有草者，尽曰'官田'。"《三国志·魏志·司马朗传》曰："今承大乱之后，民人分散，土业无主，皆为公田。"《唐律疏议·户婚上·诸卖口分田者》条曰："《礼》云'田里不粥（鬻）'，受之于公，不得私自鬻卖。"基于这样的法律虚构，实行所谓的"授田"或类似"授田"的政策。尽管在民间，在社会中，实际是土地私有制；但由于国家的这一干预，当时的土地制度就出现了异常复杂的性质。表面看来，或从封建国家的角度来说，地租和耕地税又合在一起了；实际在民间，地主仍向佃农征收地租，原来的土地私有制继续存在。

1. 屯田制

屯田就是封建国家直接在地方上组织耕种田地以获取粮食的生产方式。屯田有两种类型：用军队且耕且守的叫军屯，组织农民耕种的叫民屯。屯田所用土地多为开荒地或无主地，名义上属于封建国家所有。屯田制始于西汉文帝为抗拒匈奴人的入侵而在阴山北假屯田,这是民屯。武帝时,亦为打击匈奴而在居延一带屯田,而且规模很大,有数十万人之多,这是军屯。

三国时期,连年混战,土地荒芜,食粮缺乏。曹操为了筹措军粮,大搞军屯和民屯,屯田范围较广,持续时间较长,成效也较显著。曹魏的将军邓艾屯田淮上,士卒五万人,屯田二万顷。军屯,收获归国家,以供军费。民屯是"假民公田"的性质,地租率,"持官牛者,官得六分,士得四分。自持私牛者,与官中分"[①]。

三国时期,魏虽实行屯田的规模较大,但毕竟有限;蜀、吴两国的屯田更少,屯田区以外的广大地区还是土地私有制。屯田制(民屯)是封建国家以地主的身份对百姓进行剥削,这也是土地私有制的反映。曹魏后期,战争较少,屯田制逐渐瓦解,屯田大量转入贵族、官僚等权势之家手中,变为私有财产。

2. 占田制

司马氏代魏建晋、统一中国之后,颁布了占田令。规定:"男子一人占田七十亩,女子三十亩。其外,丁男课田

---

① 《晋书·傅玄传》。

五十亩，丁女二十亩；次丁男半之，女则不课。"①所谓占田，是指农民可以占有田地数量的限制性指标。所谓课田，则是农民应输纳田租的田地数量。这个办法有两种作用：一、在当时的社会秩序比较混乱的情况下，有助于把流动人口较快地组织到土地上来，以恢复发展农业生产；二、保证封建国家的赋税征收。这一办法表面看去，虽是国家干预了人们占田的数量，实际不起什么作用。当时的土地制度仍为土地私有制。地主土地兼并和对于佃农的残酷剥削，和两汉基本相同。从资料来看，占田制只见于公布，未见实施。可能公布之后就因不易贯彻而不了了之了。

3. 均田制

均田制实行的时间较长。从北魏孝文帝太和九年（485）开始实行于北方，至隋和唐前期，又推行于全国；安史之乱以后，才趋向瓦解，共实行了约三百年。

均田制是在黄河流域经过一百数十年的战乱之后，封建国家为了恢复社会秩序，发展生产，增加赋税收入而采取的一项重要措施，是北魏孝文帝改革的一项最主要的内容。这项制度是假定土地国有制为前提，参照孟子所讲述的西周的

---

① 《晋书·食货志》。

井田制，西晋的占田制，而加以具体化或发展而制定的。孟子曾说："夫仁政必自经界始。经界不正，井地不均，谷禄不平，是故暴君污吏必慢其经界。经界既正，分田制禄可坐而定也。"①"井地"就是"井田"。"井地"要均，这是治国的要策。汉武帝时的董仲舒为制止土地兼并，稳定社会秩序，也建议汉武帝"均田"。他说："古井田法虽难卒行，宜少近古，限民名田，以澹（赡）不足，塞并兼之路。"②西晋的"占田制"已如上述。北魏实行"均田制"，是以恢复"井田"、实行"仁政"相号召的；可是现实的社会，不是土地国有制，而是私有制。因此，这种"均田制"也是封建统治者搞的一种虚构法律。虽然均田令已下，官府也有"授田""归田"之说，社会上实际存在的土地私有权依然如旧，土地买卖和其他让渡关系照常进行。隋和唐代虽在全国范围实行均田制度，情况也是这样。所以在《唐律》中不得不对这一现实的社会问题做出让步。《唐律疏议·户婚上·诸卖口分田者》条规定："即应合卖者，谓永业田，家贫卖供葬，及口分田，卖充宅及碾、硙、邸店之类。狭乡乐迁就宽者，准令，并许卖之；其赐田欲卖者，亦不在禁限；其五品以上，若勋官永业地，亦

---

① 《孟子·滕文公上》。
② 《汉书·食货志上》。

并听卖。"这些"合卖""许卖""听卖"的规定，实际已经否定了"田里不粥（鬻）"这一"神圣"的信条，维护了土地私有制。正如宋人叶适指出的："唐世虽有公田之名，而有私田之实"。①

唐后期的土地买卖关系，也使用契约，有些契约文书有"官有政法，人从私契，两共平章，书指为记"②。"恐人无信，故立私契，用为后凭"③等字样。这和汉晋契约上的"民有私约，如律令"字样的基本精神相同。那说明了土地私有制是主导的土地制度。

四、五代宋元明清土地私有制进一步发展

五代时期，均田制早已破坏。从这时经宋元至明清，土地私有制进一步发展。私有土地的买卖、典当、租佃等关系基本上都是自由的，官府并不干预。当然，土地买卖关系是要立契纳税的，叫作税契。契税率约为契价的百分之三。交纳了契税之后，土地即可易主。土地的买卖关系基本上是两厢情愿的。

---

① 《文献通考·田赋考》二。
② 《敦煌资料》第一辑第293页。
③ 《敦煌资料》第一辑第298页。

但也有权势之家强取豪夺之事。这样的土地买卖是当时的贫富分化和土地兼并的主要形式。租佃关系也就是在这样的情况下发展着。地租与耕地税曾一度表面结合的状况再次改变，恢复了两汉时的状况而进一步发展。如《金史·食货志》所说："官田曰租，私田曰税。"所谓"官田"，是指国家出租的田地，和地主出租田地相同。

在宋代的租佃关系中，主佃之间的关系基本上是经济关系，超经济的强制很少，自由结合的程度已相当大。尤其是"召佃"之制产生，更说明了这一问题。朱熹在《劝农文》中说："佃户既赖田主给佃生籍，以养活家口；田主亦借佃客耕田纳租，以供赡家计。二者相须，方能存立。今仰人户递相告诫：佃户不可侵犯田主，田主不可挠虐佃户。"① 这样的租佃关系的主、佃双方基本上是对等关系。

战国秦汉时期，租佃关系实行分租制，地租率一般为产量的百分之五十。至唐代，定租制出现，与分租制并行发展，定租制是按亩规定固定的地租量，丰年不增，灾年不减。这样的地租形式可以使佃农通过改进生产工具，提高劳动强度，以增加产量，增产的部分归佃农自己所有。所以，定租制对农民的生产积极性有一定的刺激作用。当然，如逢灾年，就要备遭苦

---

① 《朱文公文集》卷一百。

难。即使遇丰年，地主也决不甘心让增产的成果全部归佃农所有，必然要千方百计地增加地租，其通常使用的手法就是强制抽田撤佃，把土地用更高的租佃条件出租给他人。这样，佃农为了使自己为改进生产如改良土壤、修浚沟渠、施肥等所付出的劳动和工本不致全部落空，往往对地主采取妥协让步的态度。可是后来，佃农为反对地主"夺佃增租"，开始进行争取永佃权的斗争。永佃权在宋时已经出现，到明中叶以后，特别是在南方的一些省份发展较快。

永佃权也叫作田面权，是佃农在按租约的规定向地主按时如数交纳地租的前提下，永久租种某块土地的权利。田面权是可以出租、抵押、典当或买卖的。当然，任何得到田面权的农民必须依约向地主缴租。永佃权出现后，地主对土地所保有的权利叫作田底权。田底权也可抵押、典当或买卖。任何拥有田底权的地主或田地所有者，都有权向耕种田地的农民按约收租，但无权抽田撤佃。这种田底权和田面权分离的情况叫作"一田二主"。

此外，明清时期，皇室、官府掠夺田地，建立皇庄、官庄。贵族、官僚和地主也竞相仿效，建立私庄。这些拥有政治特权和经济力量特大的庄园主，都奴役着为数很多的佃农，进行残酷的经济剥削和政治压迫，这类佃农和农奴差不多。这种情况在封建社会中是难避免的。但这对明清的整个社会来说，不是历史的主流。

西周封建论

"西周封建论"是以西周作为中国封建社会开端的观点。持这一观点的学者,学术界往往称之为"西周封建论者"。

西周封建论出现于学术界,开始于20世纪30年代初期。此后在有关中国古代史分期问题的讨论中,这一观点成为各种分期主张中的重要一派,也是把中国古代史上的奴隶社会结束和封建社会开始的时间界限划分最早的一派。自30年代至60年代,这一观点的重要代表人物有范文澜、翦伯赞、吕振羽、徐仲舒等。

西周封建论者们在学术观点和研究方法方面,并不是处处相同的,在有些问题上甚至差异很大。但对西周社会性质的看法是一致的,都认为是封建社会。他们对于中国古代社会发展过程的阶段划分,大体也比较一致。一般说来,认为夏朝以前是原始社会,自夏至商是奴隶社会,自西周至清朝鸦片战争以前是封建社会。封建社会又分为两大阶段：自西周至战国，为封建领主制社会，或叫作封建社会初期；自秦统一中国至鸦片战争以前，为封建地主制社会，或叫作封建社会中后期。范文澜则把封建社会分为三个时期四大阶段：西周至秦统一为初期；秦至隋统一为中期前段，隋至元末为中期后段；明至清鸦片战争以前为后期。范文澜的划法实际和上述两大阶段的划法基本相同。

西周封建论者主要在如下四个问题上建立自己的观点。

一、周灭商前，封建制已经产生

西周封建论者认为，商朝后期，奴隶制开始没落，最后走向崩溃；而在周人的地区，封建制已经由孕育而产生。

关于商朝奴隶制开始没落的情况，从如下两个方面可以看得出来。一、奴隶主贵族们的生活日益腐朽，政治日益黑暗，对平民和奴隶的剥削更加残酷。《尚书·无逸》曰："（贵族们）不知稼穑之艰难，不闻小人之劳，惟耽乐之从。"纣王即位，"厚赋税以实鹿台之钱，而盈钜桥之粟"[①]。在邯郸（今河北邯郸）以南，朝歌（今河南淇县）以北，修建了许多离宫

---

① 《史记·殷本纪》。

别馆，又作"酒池肉林"，"为长夜之饮"。大小贵族无不沉湎于酒色。这就更加重了奴隶和平民的负担。二、商王朝对外战争频繁，军事调发严重。武丁时，连续三年伐鬼方，还一再征伐舌（gōng）方、马方、羌方等。商朝末年，又连年伐东南方向的夷方（人方）。帝乙亲征夷方两年。其子纣王对夷方扩大用兵，几乎把国内的青壮年奴隶和平民都征发了出去。这就加剧了奴隶与奴隶主之间、平民与贵族之间的矛盾。商朝在政治上危机四伏，奴隶制的生产关系临于崩溃的边缘。

可是也在这一时期，西方的周人地区，却孕育产生了封建的生产关系。周是当时仅次于商的一大部族，其文化发展比商落后一些。古文献记载，周人的祖先公刘时，周人居豳（bīn，今陕西旬邑），"取厉取锻"[①]，改进农具，提高了农业生产技术，并开始"彻田为粮"。"彻田为粮"就是强制劳动人民用劳役的形式提供地租，这是封建剥削关系的萌芽。公刘之后九世为古公亶父，率周人迁居于岐山（在今陕西岐山县）下之周原。《史记·周本纪》曰："古公乃贬戎狄之俗而营筑城郭室屋而邑别居之，作五官有司。"这说明了周人在此时已经建立了早期的国家机构，古公亶父就是国君，后人尊称他为太王。周人的封建生产关系在形成。古公亶父之孙姬昌是历史上

---

① 《诗经·大雅·公刘》。

著名的国君，后人称他为周文王。文王起初居岐，后迁都于丰（今陕西西安市沣水西）。他的统治，史称"仁政"。

从文献所记有关周文王时期的资料来看，周人地区既有奴隶制，也有农奴制；但奴隶制并不发展，农奴制处于主导的地位。关于奴隶制，最重要的资料有两条。《左传·昭公七年》："周文王之法曰：'有亡荒阅。'"杜注："荒，大也。阅，搜也。有亡人当大搜其众。""亡人"，一般解释为逃亡奴隶。又《孟子·梁惠王下》：文王之时，"罪人不孥（nú）"。这是说，犯了罪的人，其家属不因株连而籍没为官奴婢。这两条资料并不反映奴隶在生产中处于多么重要的地位；相反的，却有官府限制奴隶制发展的感觉。关于农奴制，资料较多。社会生产中的主要劳动力是农奴。上引《孟子·梁惠王下》这段话的全文曰："昔者，文王之治岐也，耕者九一，仕者世禄，关市讥而不征，泽梁无禁，罪人不孥。""耕者九一"与"仕者世禄"是国家的两项基本政策。前者是说在土地关系上实行国有制，生产关系是农奴制（或领主制），地租形式为"九分而取其一"的劳役地租。这就是早期的"井田制度"。后者为"世卿世禄"制度，是国家制度。《诗经·大雅·灵台》在描述周文王役使庶民为他建造王家苑囿——灵台时，有这样一段话："经始灵台，经之营之。

庶民攻之，不日成之。经始勿亟，庶民子来。"孟子曰："文王以民力为台为沼，而民欢乐之。谓其台曰灵台，谓其沼曰灵沼，乐其有麋鹿鱼鳖。古之人与民偕乐，故能乐也。"① 从这些资料来看，周人的基本群众是一家一户的农奴，而不是奴隶。周人的社会是封建社会，而不是奴隶社会。

关于这时周人的文化水平，过去学术界估计很低，甚至认为处于原始社会的后期。只是在灭商以后，才由于继承了商人的文化遗产而迈进文明时期的大门。今天看来，这样的观点应当修正。因为近十多年来，考古工作者在周人活动的旧地发现了许多足以说明周人文明的遗址和器物。如在陕西泾阳高家堡的早周墓葬中发现的铜器有鼎、方座簋（guǐ）、尊、卣（yǒu）、甗（yǎn）、爵等，造型古朴厚重，棱脊隆起，可与殷墟文物相媲美。又在岐山和扶风发现的周人遗址中，有宫殿或宗庙遗址。在岐山凤雏村的甲组宫殿基址的一个窖穴内，出土卜骨一万五千余片，其中有文字的为一百七十片，计五百八十字左右，字数最多的一片有三十字。占卜事项同于商人，主要为祭祀、征伐、田猎、祈年等。还有关于殷王因田猎而到帛（在周人地区）的记录。

周武王伐纣，就其性质来说，是一场"人民解放战争"，

---

① 《孟子·梁惠王上》。

史称"吊民伐罪"。在周与各族联军打到朝歌时，商的奴隶兵起义，史称"前徒倒戈"，商军大败，纣王自焚而死，商朝灭亡，奴隶制度也从此瓦解。西周的封建领主制就是在商人奴隶制的废墟上建立起来的。中国古代的历史从此进入封建社会。

二、西周的封建社会是生产关系决定的

一个社会的性质是由当时处于主导地位的生产关系即基本的所有制来决定的；并不是由生产力直接决定的。因此，西周封建论者在论述西周的社会性质时，很看重对当时的社会生产关系的论述。

西周的社会生产关系的主导形式是农奴制度。但在学术界多称之为封建领主制度。所以采用这一名称，是因为西周在全国范围实行的政治、经济制度是在军事占领和分土封侯的基础上建立起来的。所谓领主就是一些大大小小的军事、政治头领，也就是分封之后的大小诸侯。西周是实行土地国有制度，代表国家的是周王。周王是土地的最高所有者，也是臣民的主人。所以《诗经·小雅·北山》曰："溥天之下，莫非王土；率土之滨，莫非王臣。"分封的原始意义主要是政治性的，是"封诸侯，建藩卫"。所封者主要有周天子的同姓、亲

属、功臣和表示臣服的氏族、部落首领。可是这种分封又是和经济权益的分配分不开的。因为每个诸侯的大小封疆，都拥有相当数量的耕地、牧场、森林等，还有可供剥削的劳动人民。关于西周分封的资料，都有这类记载。如《大盂鼎铭》记载康王赏赐其臣盂事曰"授民授疆土"。《诗经·鲁颂·閟宫》记封鲁公事曰："乃命鲁公，俾侯于东，锡之山川，土田附庸。"《诗经·大雅·崧高》记封申伯事曰："王命申伯，式是南邦，因是谢人，以作尔庸。王命召伯，彻申伯土田。"《左传》定公四年记封康叔事曰："聃季授土，陶叔授民。"受封诸侯对王室有镇守疆土，捍卫王室，交纳贡赋，朝觐述职的义务，就是所谓要勤于王事。对其下属，则实行再分封，即将其大部分土地和土地上的庶民再分封给他们的卿大夫，卿大夫再将土地和庶民分给士。士是直接监督庶民进行生产劳动的最低级的贵族。各级贵族都是政治统治者，又是土地所有者或占有者。这时的"贵"与"富"是结合在一起的。庶民的主要成分是农奴，他们是被统治者，又是没有私有土地的被剥削者。这时的"贱"与"贫"也是结合在一起的。因为土地属于封建国家，所以"田里不粥（鬻）"[①]。

西周的土地制度一般称之为"井田制度"，这也是当时贵

---

① 《礼记·王制》。

族们的主要剥削方式。井田的名称最初来自象形，田地由于沟渠、道路、阡陌之自然划分，而成为方块，组成"井"字形。作为剥削方式来说，是因利乘便。就是各级贵族都将土质和耕作条件较好的若干块田地留给自己，称作公田，役使农奴代为耕种，全部收获物归贵族所有。其他一些田地则以份地的形式分配给一家一户的农奴，由他们自耕自食。这就是农奴制下的劳役，（劳动）地租，也是最早的地租形态。马克思说："地租的最简单的形式，即劳动地租——在这个场合，直接生产者以每周的一部分，用实际上或法律上属于他所有的劳动工具（犁、牲口等）来耕种实际上属于他所有的土地，并以每周的其他几天，无代价地在地主的土地上为地主劳动。"① 这样的地租在有关西周的资料中也有记载。如《诗经·小雅·大田》曰："有渰萋萋，兴雨祈祈，雨我公田，遂及我私。"《孟子·滕文公上》解释这些诗句说："方里而井，井九百亩。其中为公田，八家皆私百亩，同养公田；公事毕，然后敢治私事。"虽然孟子把公田和私田的划分、分布过于理想化了，但他所说的农奴们耕完公田才得归耕私田，所以希望私田上的雨下得迟一些，以便得到时雨的好处，其意见还是正确的。

---

① 《资本论》第三卷第四十七章Ⅱ《劳动地租》。

为了区别奴隶社会和封建社会的不同，斯大林曾下过这样的定义："在奴隶占有制度下，生产关系的基础是奴隶主占有生产资料和占有生产工作者。这些生产工作者就是奴隶主可以把他们当作牲畜来买卖屠杀的奴隶。""在封建制度下，生产关系的基础是封建主占有生产资料和不完全地占有生产工作者——农奴。封建主已经不能屠杀农奴，但是可以买卖农奴。"①在历史研究和民族调查中，这个定义是有指导意义的。为了具体区别奴隶和农奴之不同，深入考察以下两点是很有意义的。一、劳动者有没有独立或半独立的人格，其中包括了婚权、亲权和家庭生活。二、劳动者有没有自己的经济，其中包括了生产工具和生活资料。奴隶当然没有独立的人格，也没有婚权和亲权，所生子女亦不归自己所有，而是属于主人的小奴隶。奴隶没有独立的家庭生活。农奴的情况与奴隶有很大的不同。他们有半独立的人格，有婚权和亲权，有自己的家庭生活。奴隶没有自己的经济。农奴有自己的经济，有属于自己的生产工具，有在无偿地服满规定数额劳役的前提下，拥有领受的份地和自己在份地上生产的收获物。当然其生活是很艰苦的。以此为标准来考察西周，当时的庶民是有半独立的人格的，也有自己的经济。关于这一点，古文献中有许多记载。

---

① 《论辩证唯物主义和历史唯物主义》。

如《诗经·周颂·臣工》曰:"命我众人,庤乃钱镈,奄观铚艾。"范文澜意译为:"命令我的农夫们:准备你们的耕具,还得多准备些割器。"《诗经·周颂·载芟》曰:"有嗿其馌,思媚其妇,有依其士。"范文澜意译为:"老婆送饭上地,孩子跟在一起。吃饭吞咽有劲,好让老婆看了欢喜。"郭老对这些诗的解释与范文澜有很大的不同,那是由于观点不同所致。除了这些诗句之外,我们还可以举出其他一些例子。当时的庶民具备上述两个方面的条件是肯定的,因之,他们是农奴,不是奴隶。

三、西周的生产力水平可以建立封建制度

西周和商朝同为青铜器时代,尚未出现铁器。因此,有不少人认为西周的生产工具和生产力水平同商朝差不多;只有在春秋中后期出现了铁器和牛耕,才改变了这种状况,促使奴隶制瓦解,封建生产关系产生。西周封建论者们对于这样的论述方法并不以为然。他们认为,人们获得了新的生产力,也就会改变自己所有的一切社会关系,这自然是马克思主义的原理;但是把它公式化来应用,就难免失去原理的精神。例如范文澜在《关于中国历史上的一些问题》一文中说:"生产工

具制作的变化，在奴隶制向封建制的转化上不一定是决定性的。""同样的生产工具在奴隶手中会遭受故意破坏，在'表现某种自动性，愿意劳动，对劳动感兴趣'的农奴手中，就会提高生产效率，实际上发生了生产力提高的作用。"他认为："由野蛮转入文明是从铁矿的熔炼开始的。这在欧洲历史上是如此，在中国历史上却还没有证明。"恩格斯在肯定了铁的巨大作用以后，接着就指出："所有这些都不是一下子办到的。"最初的铁往往比青铜还要柔软些。因此，石器在奴隶社会和封建社会前期一直使用着。公元1066年的哈斯汀斯之役中还都使用石斧。直到1066年以后，铁器才迅速地取代了石器和青铜器被广泛地使用起来。由此看来，最初的铁器只能作为金属工具的一种，在逐渐地代替石头工具，不能一下子就起特殊的作用。因此，把最初的铁器的有无作为社会性质变化的决定性因素是不适当的。中国古代的铁器脱离最初的柔软状态而较迅速地取代石器的时间，不是在春秋时期，而是在战国时期。学术界多数人公认的用牛耕田之事始于春秋中后期，可是那时并未有铁犁出现，也没有铜犁出现。铁犁的使用也是在战国时期。因此，在春秋时期不存在由于"铁器、牛耕"的使用而给社会生产力带来革命之事。铁器取代青铜器而成为主要生产工具的时间更晚，是在秦统一以后。

西周封建论者和战国封建论者对于西周生产工具种类和质量的认识是相同的。但对其作用的估计则有极大的差别。除上述观点外，西周封建论者对于西周的社会生产力的估计较高，也认为比商代的社会生产力有很大的发展。以青铜器为例，已出土青铜器的省份，有陕西、河南、山东、山西、河北、辽宁、江苏、安徽、湖北等省，这比出土商代青铜器的分布面要大得多，器物种类也有增加，有不少手工工具。青铜农具的种类不少，有锸、镈、铲、镐、锄、镰等，但数量不多。这时的主要农具不是青铜器，而是用青铜斧、锛凿等工具制作的硬木耒耜，这是主要的掘土、种耕工具。耒耜本来是两种农具，后来合而为一，"入土曰耜，耜柄曰耒"①。有的在耜上安以青铜口，于是出现了"耜者，耒之金"②之说。这些情况，都发生在西周时期。这时的挖土、种耕工具更进步。这主要是青铜手工工具起了巨大作用。至于其他石制、骨制、蚌制工具，则是次要的。农奴们的生产积极性比奴隶高得多。由于有自己的家庭生活，有自己的经济，就注意对生产经验和知识的积累，注意选种、耕种、施肥、除草、灌排及消除病虫害等生产和田间管理。因此社会生产力就有明显的提高，农作物种类也不断

---

① 《国语·周语中》韦昭注。
② 《礼记·月令》郑玄注。

增多。主要农作物有黍、稷、稻、粱、麦、菽等，还有各种蔬菜、瓜果和经济作物如桑、麻、染料之类。

四、春秋、战国时期封建领主制瓦解，封建地主制产生

封建领主制开始破坏、封建地主制开始产生的时间，约在春秋中期，当然各国的情况亦不平衡，略有先后。生产关系的这一变化是社会生产力的发展引起的，当时领主贵族的没落也起了促进的作用。

西周灭亡，平王东迁，从此王室衰微，诸侯坐大。这一政治形势的变化，决定了"溥天之下，莫非王土；率土之滨，莫非王臣"旧原则的破坏；取而代之的是"封略之内，何非君土；食土之毛，谁非君臣"[①]的新原则。这是土地国有制破坏的一个重要政治标志。此后，随着社会生产力的发展，中小贵族和平民、农奴私自开垦的田地日益增多，在公田上义务劳动遭到农奴们抵制或反对。《诗经·齐风·甫田)》曰："无田甫田，维莠骄骄。""无田甫田，维莠桀桀。"甫田就是大田、公田。农奴在公田上劳动很消极，或不肯劳动，致使公田

---

① 《左传·昭公七年》。

荒芜。这说明井田制已维持不下去了。由于开荒而出现的私田日益增多，生产形势很好，亦不纳税。有私田的平民和农奴成为自耕农。中小贵族有私田的，往往出租给无田者，或将采邑中的田地出租，以收实物地租，这就是新的地主经济的萌芽。

在土地国有制破坏，土地私有制产生；劳役地租形式衰微，实物地租形式发展的情况下，各诸侯国公室的经济收入大大削弱，私家的收入大增。诸侯们为了扩大税源，增加财政收入，先后进行赋税改革，实际是放弃了井田制度，不论公田、私田，一律按亩纳税。齐桓公的"相地而衰征"[①]，或叫作"案田而税"[②]；鲁宣公十五年（前594）"初税亩"；楚国在前548年"书土田"，"量入修赋"；郑国在前538年"作丘赋"；秦国在前408年"初租禾"，都是这种性质的改革。从此，土地占有（所有）权和政治统治权分离，也就是"富"与"贵"分离。封建领主制更加迅速地破坏了，封建地主制在形成之中，大约至春秋后期，以土地私有制为基础的土地买卖关系在个别地区发生。至战国时期，随着土地私有制的发展，土地的买卖关系进一步发展。原来的贵族领主有的破产了，有的转化为贵族地主；社会上又出现了为数众多的军功地主（官

---

① 《国语·齐语》。
② 《管子·大匡》。

僚地主）和富而不贵的商人地主。各种类型的地主组成了新的剥削阶级——封建地主阶级。原来的农奴，有些将份地转化为自己的私产，成为有"五亩之宅，百亩之田"，"八口之家"或"五口之家"的自耕农；有些则转化为地主阶级的新型佃农，他们"或耕豪民之田，见税什五"[①]。"见税什五"是实物地租中的对分制。马克思说："在产品（实物）地租是地租的占统治地位的和最发达的地租形式的时候，它又总是或多或少伴随着前一种形式的残余，即直接用劳动即徭役劳动来交付地租的形式的残余，而不管地主是私人还是国家。"[②]在中国的封建地主制社会中，情况也是这样。自战国至明清，实物地租固然一直是占统治地位的和最发达的地租形式，可是劳役（劳动）地租的残余形式总是或多或少地存在着。

战国时期，是封建领主制彻底崩溃，封建地主制迅速形成的时期。促进这一发展变化的主要原因是和铁器、牛耕的较广泛使用分不开的。此外，各国先后进行的政治、经济改革和无休止的兼并战争，亦都从不同角度起了"催生婆"的作用。前221年，秦灭六国，统一中国，最后结束了中国历史上的封建领主制社会，并帮助封建地主制社会在全国范围内确立。

---

① 《汉书·食货志上》。
② 《资本论》第三卷第四十七章Ⅲ《产品地租》。

谈谈历史上的中央集权制

近年史学界的有些同志在评价中国历史上的中央集权制度时,给予秦始皇、汉武帝、宋太祖等的,有专制主义、极权主义、专制独裁等评价,给予明太祖朱元璋和清初康熙、雍正、乾隆三帝及清朝后期诸帝的,不仅有以上三顶帽子,还外加盲目自大、闭关锁国、保守落后、愚昧无知等罪状,甚至连明、清不设丞相,新设内阁或军机处以协助皇帝办事,都认为是极权主义的顶峰。并说正是由于中央集权制度的顽固传统,使中国未能适时地向西方学习,"与资本主义擦肩而过",以致沦遭落后挨打的命运。

我们现在谈历史上的中央集权制度,一般有专制主义中央集权制度、封建专制主义中央集权制度等种种用法,多把专制主义与中央集权制度连起来。实际上,专制主义与中央集权既有区别,又有联系。专制主义不论何时,都应该否定,但历史上中央集权制的优缺点及其贯彻执行者的情况,我们应实事求是地评价,不应过于片面和偏激,也不应感情用事。

中国历史上形成大一统的中央集权制度,是由当时的国情和民情决定的

中国的历史在秦汉以后的两千余年间,有极大的发展变化,诸侯并立的形势已为大一统国家所代替,逐渐形成了多民族、大一统、中央集权制国家。而中国古代的中央集权制度,从其产生之日起,其组织机构就具有多民族、大一统的性质,其职能就具有维护、推动、发展和形成多民族、大一统国家的历史任务。如果这一制度被削弱,此国家准出问题。如刘邦建立西汉之初,认为秦始皇只知道要中央集权,不分封子弟为侯王,致有"孤立之败"。他就大封子弟为九国,给予军政大权,变郡县制为"郡国并行制",使中央集权制削弱,诸侯王的势力日益发展,后来发生了"七国之乱"。再如西晋初年,晋武帝司马炎也认为曹魏不给宗室贵族以军政大权,致因孤立而为他乘机篡位。因之也大封宗室子弟二十七国,并给予军政大权,希望晋朝能"历纪长久,本支百世"[①]。后来发生

---

① 《晋书·宗室列传》。

了"八王之乱"。又如明朝初年，明太祖朱元璋也是为了加强统治，以保其江山永固，封其子孙二十五国，各拥军政大权；可是在他死后不久，其四子燕王朱棣就在今北京发动叛乱，以"靖难"为名，打到南京，夺得皇位。可见中央集权制度不能削弱，不能另搞分封制。削弱则易分裂叛乱，集权则易强大统一，这是当时的国情和民情决定的。

历史上的中央集权制度之运作，与执政者的贤明与否，关系甚大

俗话说：制度是死的，人是活的。有了制度，不得其人贯彻执行，等于白费事。可见主政者好坏，关系至大。孟子曰："贤者以其昭昭，使人昭昭；今以其昏昏，使人昭昭。"孙奭《疏》："贤者之君治国，以其昭昭，明己之道德，然后使人昭昭。今之治国者，乃以昏昏，不能自明己之道。而欲使他人昭明徼，不可得也。"如东汉的桓、灵二帝，两晋的惠帝，唐朝后期诸帝，北宋的徽宗和钦宗父子，明朝的嘉靖、天启诸帝，都属于形形色色的昏昏之君。在他们当政时期，重用外戚或宦官，朝廷上下争权夺利、结党营私，致使政治黑暗、经济凋敝，广大劳动人民贫困破产，阶级矛盾尖锐，有时引发

民族间的战争，长期兵连祸结，生灵涂炭，乃至军阀割据，天下分崩离析。可见中央集权制之运作，离不开圣君贤相，也就是说，君主的昏与明是关键所在。

中央集权并不是导致"明清与资本主义擦肩而过"的直接原因

有人认为，明清时代是中央集权主义的顶峰，并且由于中央集权制度使"明清与资本主义擦肩而过"。这样评价历史上的中央集权制度不妥，对明清两代的政治和经济的评价也过于片面、过于悲观了。其实，据我所知，明清这两个朝代还不能说是封建社会已走到了尽头，再也无路可走了。就农业来说，还正处在高度发展的时期，如铁器牛耕的普及、水利的兴修、耕地的增辟、产量的提高等，都非前代可比。手工业和商业更有发展，大中城市的工商业日益繁盛，因手工业和商业发展而新兴起的中小城镇在各省县都有很多，农村定期的市集街摊交易十分普遍。由于商品经济的发展，在不少地区的多种行业中已出现了资本主义生产关系的萌芽。

学者们一致认为，中国如果没有西方资本、帝国主义的入侵，也将缓慢地发展到资本主义社会。推动这样的社会发展的动力固然是以广大劳动人民的生产、创造为主体；而中央集权国家的某些政策的实行，如明朝后期实行的"一条鞭法"，清朝前中期实行的"招民垦荒""蠲免钱粮""地丁合一"及"滋生人丁永不加赋"等政策及其实行，都为发展社会经济起了积极的作用。至于重农抑商政策，正面的作用是主要的。

中国历史上的中央集权制度，不仅是中国古代政治文明的标志，也是世界古代政治文明的标志之一

人们都常常说中国是世界上的四大文明古国之一，津津乐道的事例极多，但有一项更伟大的文明，而且已创造出并沿用了两千余年，却为人们所忽视，这就是在中国所实行的中央集权制度。此制度的创行和存在、发展、完善，是中国古代政治文明的标志；也应当说，是世界古代政治文明的重要标志之一。

在世界历史上，四大文明古国中，除了中国以外，还有古埃及、古巴比伦、古印度三国。后来，此三国国家灭亡，文明中断，这不能不说是一种历史悲剧。稍后，欧洲又出现了两支文明奇葩，即"雅典民主"和"罗马法"。这两支奇葩对后来的资本主义确有些影响；但在中世纪却是黑暗时代，并未将一

度出现的军事大帝国推向多民族的、大一统的、中央集权国家的大道上来，而是中途崩溃，分裂为数以百计的大小政治碎片，彼此连年混战，互相兼并。今日之巴尔干半岛仅是欧洲的一角，犹在分裂不止，互相仇杀，战火纷飞，民无宁日。此事也反证了我们的先人在两千余年前即选择了走多民族、大一统、中央集权国家的政治道路，是正确的、必要的。

当然，我们在此并不是要提倡故步自封，向外国、外民族学习他们优秀的文化特长很有必要，但立足点应在本国，即要正确了解本国的历史和国情，知道我们的实际需要，如不了解本国的历史和国情，不知所需，抱虚无主义的心态看待本国，"言必称希腊"，这样做有百害而无一利。

多民族、大一统的中央集权国家的形成，属于政治文化或政治文明。我认为，孟子所说的"诸侯之宝三：土地、人民、政事"和韩非子所说的"事在四方，要在中央"，其含义都很重要。

秦汉中央集权制度的形成与大一统疆域的奠定

秦汉是我国古代由诸侯分裂割据走向政治统一的重要历史时期。在这一时期中,由秦始皇开创,后由汉武帝完善起来的中央集权制度,为我国此后两千余年间的封建政治制度创造了基本的模式。也是由秦始皇开创,后由汉武帝及其后代子孙逐步拓展的疆域,亦为我国后来的国家疆域奠定了基础。中央集权制度的确立与统一疆域的稳定,是我国古代多民族大一统国家形成、发展与巩固的基本条件。

一、秦始皇开创的中央集权制度及其疆域

秦始皇在前221年最后消灭六国,建立统一国家的当年,就在政治制度方面,废除了自西周以来实行了八百余年的分封诸侯的制度,创建中央集权制度,这种制度是适应新兴的封建地

主制经济的需要而在战国时期逐步产生发展起来，秦始皇把这一制度系统化、完善化，而推行于全国。这一制度自中央到地方由三个主要环节构成。

第一个环节就是建立大一统国家的元首制度，称"皇帝"，这是夏、商、西周三代所没有的。三代时，制度不严，西周以王为元首，徐、吴、楚等边远诸侯都自称王。到了战国中期以后，中原地区的诸侯相继称王。秦王嬴政消灭六国之后，兴行廷议。他说："寡人以眇眇之身，兴兵诛暴乱，赖宗庙之灵，六王咸伏其辜，天下大定。今名号不更，无以称成功，传后世。"大臣李斯等也说："昔者五帝地方千里，其外侯服夷服，诸侯或朝或否，天子不能制。今陛下兴义兵，诛残贼，平定天下，海内为郡县，法令由一统，自上古以来未尝有，五帝所不及。"于是君臣协议，秦王裁决，号曰"皇帝"。他还决定，自称"始皇帝"，皇位世袭，"后世以计数，二世三世至于万世，传之无穷"①。这就是"秦始皇"一称的由来。皇帝拥有至高无上的权力，从中央到地方的主要官吏，都由皇帝直接任免，都照皇帝的律令和意志办事。皇帝还握有军权，只有皇帝才能调动军队。皇帝制度的建立，消除了落后的宗法家长式的国王制，规定了国家制度的中央集权

---

① 《史记·秦始皇本纪》。

性质。

第二个环节是成立中央政府机构，就是朝廷，以协助皇帝领导全国政、军事务。朝廷中的最高职位，为三公，即丞相、太尉、御史大夫。丞相是"百官之长"，"掌丞天子，助理万机"。秦设左、右丞相，以右为尊；太尉掌军事；御史大夫为副丞相，主管监察。三公之下，设有九卿，分领庶政。如奉常①，掌宗庙礼仪；郎中令②，掌宫殿警卫；卫尉，掌宫门屯卫；太仆，掌御用车马；廷尉，掌刑法；典客③，掌边疆民族事务；宗正掌皇族、宗室谱系、名籍；治粟内史④，掌财政；少府，掌山海池泽之税及皇帝的生活供应。九卿之外，还有列卿若干，因需要而设，如中尉掌京师治安；将作少府掌修治宫室等。三公和九卿及列卿等，各有自己的府寺部属，以处理日常事务。大事总汇于丞相，最后由皇帝裁决。

西周的政治制度非常原始，基本上脱胎于血缘家族，受宗法制度制约，是一种种姓贵族政治。在中央，无明确的组织机构，为国王办事的职事人员为"世卿世禄"制度，国事家事的界限不清，争权夺利严重，极易黑暗腐朽。秦朝的三公九卿制

---

① 汉景帝改称太常。
② 汉武帝改称光禄勋。
③ 汉景帝改称大行令，武帝改称大鸿胪。
④ 汉景帝改称大农令，武帝改称大司农。

为官僚政治，职事人员为有才能的文武官员，皆受命于皇帝，各有职分、等级、俸禄，公与私分明，政绩有考课，讲效率，有升迁，体制划一，组织完善，秦朝设立三公九卿制度，为此后历代王朝的中央机构开创了模式。

第三个环节是地方行政制度，就是郡、县两级制。秦始皇初并六国时，分全国为三十六郡，后增至四十余郡。郡设有三长：郡守为一郡之长，全管政治、军事；郡尉专营军事；郡监就是监郡御史，专营监察。郡下设县若干，大县的主管称令，小县称长，兼管政治、军事；其下设丞：掌文书、刑法等事；尉掌军事。西周分封诸侯以管理地方，这是以宗法制为基础的封国建藩制度，贵族们各占山头，互相兼并，战乱不止。秦始皇废分封、置郡县，郡县的主要官吏由皇帝任免升迁，地方官僚间没有战乱、兼并之事。此制的实行开创了此后两千年间历代王朝地方行政制度的基本模式。

秦始皇为了消除加强国家统一的主要障碍，促进社会经济、文化的发展，大力推行土地私有制政策，统一货币、统一度量衡、统一车轨和统一文字。为推行土地私有制政策，他曾于始皇三十一年（前216）下令"使黔首自实田"[1]，就是令全国人民向当地政府据实登记为自己占有的田地数量，按亩纳

---

[1] 《史记·秦始皇本纪》集解引徐广语。

税，税（租）率为什税一。统一货币始于消灭六国的当年，下令废除六国旧币，以原秦币为基础，制定新的统一的货币。新币分为二等，黄金为上币，以镒（重二十四两）为名；铜钱为下币，外圆，中有方孔，面八有两字，曰"半两"，重亦半两。与统一货币同时，亦下令统一度量衡。即废除六国的旧度量衡制度，以原秦国的度量衡为基础，向全国颁行新的统一的度量衡制度及标准器。当时，秦始皇下诏曰："廿六年，皇帝尽并兼天下诸侯，黔首大安，立号为皇帝，乃诏丞相状、绾，法度量则不壹，歉疑者，皆明壹之。"①在历代发现的为数众多的秦权和量器上，几乎都铸有或刻有这一诏书的全文。此事足可证明秦始皇对统一度量衡十分重视，而且有极大的决心。秦始皇还同时下令"车同轨"，轨宽六尺，便于在大路上运行。"车同轨"一语在两汉以后，已成为国家统一的同义语。

统一文字，意义尤为重大。华夏文化的文字（汉字）本来是同源的，在商和西周时期的六百年间，有很大的发展和进步。可是至春秋和战国时期，由于经历了长达五百余年的诸侯分裂割据，各自为政，文字在各国自行发展变化，于是，"言

---

① 左丞相隗状，右丞相王绾。歉与嫌通。

语异声，文字异形"①。在秦灭六国之后，这种歧异不仅严重影响着各地区间的经济、文化交流，也有碍于国家的政事税收，而且还是导致分裂割据的严重隐患。秦始皇命李斯等主持统一文字的工作，也是一次重要的文字改革工作。此工作是以原秦国通行的字体为基础，参照六国的文字，制定了字形固定、笔画简省、书写比较方便的"小篆"（也叫作"秦篆"），作为规范化字体，推行于全国。这次统一文字为此后中国的汉文化的发展和国家统一的巩固起到了不可估量的作用。不仅这样，中国古代的许多民族和周边不少邻国都引进汉字，或仿照汉字创造了自己的文字，使东亚的文化争奇斗艳，蓬勃发展。

秦朝的狱吏程邈又根据民间已行用的新字体创造隶书，字体方正，笔画更加简省，书写方便。隶书到西汉初年，已成为通行字体。

秦始皇灭六国后，继续开疆拓土，经营边疆。当时，北方的匈奴已建立了奴隶制国家，青壮年牧民亦是战士，兵力强大。在秦灭六国期间，匈奴南下，控制了河南之地（今内蒙古伊克昭盟）。秦始皇于灭六国后的第六年（前215），命将军蒙恬率士卒三十万人北击匈奴，收复了河南地区，并

---

① 《说文解字·叙》。

在这里设置了三十四县,从中原迁来大量人口,以充实这一地区。蒙恬又北渡黄河,据守在今大青山一带,利用地势,修缮、增补旧秦、赵、燕长城,并连接起来,西起临洮(今甘肃岷县),东至今鸭绿江,延袤万余里,这就是著名的万里长城;匈奴退回蒙古高原。长城以南的形势稳定后,社会经济、文化都获得发展,这与秦始皇北防匈奴,修筑万里长城有密切的关系。当时的万里长城沿线基本上是秦朝的北部边疆。

秦对于南部边疆的经营在灭楚不久即开始了。战国时期,我国的东南沿海和五岭以南主要是越人聚居区。越人是一个古老民族,居住在今浙江和江西东部的为东瓯(东越),在今福建境内的为闽越,在今广东和广西东部、湖南南部的为南越,在今广西西部和云南东部的为雒越,或称西瓯、骆越,统称"百越"。秦灭楚时,东瓯和闽越相继降秦,秦以今苏南和浙北为会稽郡(治吴,今江苏苏州),在今浙南和福建置闽中郡(治东冶,今福建福州)。后来,继续向岭南推进,大约于始皇三十三年(前214),占领了这一地区,并设置了桂林(治今广西桂平)、南海(治番禺,今广东广州)、象(治临尘,今广西崇左)三郡。秦为向岭南运粮运兵,在今广西兴安县的山上,开凿了一条连接向北流的湘江和向南流的漓江的运河，长约三十三公里，这就是著名于世的灵渠[①]。灵渠截湘江水引入漓江，不仅有利于当地的农田灌溉和运输，由于沟通了长江和珠江两大水系，对我国南北经济、文化的交流起了重要作用。

秦始皇也很重视经营西南夷地区。他命将军常頞（àn）征调巴、蜀士卒，在今四川宜宾至云南曲靖一线的崇山峻岭上，开凿了一条名为"五尺道"的通道，并在所控制的地区设置了一些行政机构。这样的经营对促进巴蜀地区和西南夷地区的经济、文化往来起了重大作用。

秦朝的疆域在始皇二十八年（前219）所立琅琊台石刻上，有这样的说法："六合之内，皇帝之土。西涉流沙，南尽北户。东有东海，北过大夏。人迹所至，无不臣者。"[②]后又经秦始皇的数年经营，疆域更有扩大。在这个疆域之内不仅居住着华夏民族，即后来的汉族，还有巴、蜀、越、蛮和西南夷等众多的民族，秦朝是我国古代第一个统一的多民族的国家。

---

① 灵渠东接湘江上游之海阳江，西入漓江上游之大溶江。
② 《史记·秦始皇本纪》。

二、刘邦继承秦制及其权宜政策

秦始皇在位仅有十一年即死去,他一手创建的偌大王朝也一轰而灭。可是他所制定、推行的新的制度和政策并未因此而消失于历史,而是为续建的西汉王朝所继承。此事,史称"汉承秦制"①。

刘邦建立西汉之初,面临许多棘手的问题,其中最主要约有三个,即一、社会秩序混乱;二、社会经济凋敝;三、政治形势动荡。前两者,如《史记》卷三十《平准书》曰:"汉兴,接秦之弊,丈夫从军旅,老弱转粮饷,作业剧而财匮,自天子不能具钧驷,而将相或乘牛车,齐民无藏盖。"对于后者,他认为,秦始皇不分封子弟为诸侯王,以为藩辅,致使陈胜振臂一呼,天下大乱,秦有"孤立之败"②。在这样的情况下,刘邦虽基本上继承了秦朝的制度,但他同时也采取了一些权宜政策,这些权宜政策在他和吕后统治时期,勉强起些作用;但到文帝和景帝时期,日益不合时宜,甚至起消极作用。

刘邦的权宜政策的指导思想是摒弃"法家有为"的思想,

---

① 《后汉书·班彪列传上》。
② 《史记·诸侯王表序》。

改尚"黄老无为",这是接受了陆贾的意见①。主张凡事力求简约,以稳定社会秩序为主。他和吕后所任用的丞相(时称相国)如萧何、曹参等都恪遵"无为"思想,简化政事。在政治制度方面,大大削弱郡县制,实行分封制,即所谓"郡国并行制"。所封子弟为王者,称"诸侯王"。高于列侯,共有九国,自北而南,为燕、代、赵、齐、梁、楚、淮阳、淮南、吴,几乎占去了战国时燕、赵、齐、魏、楚等国的全部疆土。朝廷只占有十五个郡,在旧秦国境内和魏、韩、楚的西部。诸侯王在封国内是国君,拥有一定的军权、政权和财政,处于半独立状态。多数诸侯王蔑视国法,为非作歹,鱼肉人民,有的还觊觎皇位。景帝时,就发生了以吴王刘濞为首的"七国之乱"②,企图推翻景帝,建立自己的王朝。景帝命太尉周亚夫与大将军窦婴率三十六将军,用了三个月的时间,平定了叛乱。七国国王均被杀或自杀,七国都被废除。

刘邦对边疆地区也不积极经营,对匈奴采用忍辱含垢的"和亲"政策。自刘邦至景帝时,常以宗室女为公主嫁给匈奴单于,每年要赠送大量的絮、缯、米、酒等物给匈奴,以求

---

① 事见陆贾《新语·无为》。

② 七国为吴、楚、赵、胶西、胶东、淄川、济南。吴发兵二十万,号称五十万,为主力。

边境平安。可是匈奴贵族几乎年年驱马南下,越过长城,掳掠焚杀,有时"烽火通于甘泉、长安"[1],形势严重。

东越在今浙江南部和福建,秦时建闽中郡以统治。此时刘邦封东越之闽越部首领无诸为闽越王,惠帝封东越之东瓯部首领摇为东瓯王(亦称东越王),允许他们半独立。岭南地区在秦时,设有南海、桂林、象三郡。秦末,原南海郡尉赵佗占领三郡,自称南越王,刘邦登皇位后,予以承认,南越几乎是完全独立。此外,刘邦还放弃了秦时已开拓的西南夷地区,不再设置行政机构。

刘邦唯一实行的与秦一致的政策,是"重农抑商"政策。秦在商鞅变法时,实行过此一政策。秦朝建立后,仍有"上农除末"[2]之说。但由于秦朝存在的时间太短,执行的结果如何,不得而知。刘邦实行这一政策的主要原因,是他在初即位时,农民尚到处流亡,国家财政困难,"而不轨逐利之民,蓄积余业以稽市物,物踊腾粜,米至石万钱,马一匹则百金"[3]。刘邦在"重农"方面,采取了招徕流亡、"复故爵、田宅"[4];减轻田租(税),从十税一减为十五税一;还下令解放因生活困难而自卖为奴婢的人。"抑商"方面,主要

---

[1] 《汉书·匈奴传上》。
[2] 《史记·秦始皇本纪》。
[3] 《史记·平准书》。
[4] 《汉书·高帝纪下》。

是"乃令贾人不得衣丝乘车,重租税以困辱之"①。此政策在实行之初,对稳定社会秩序,恢复发展社会生产,起过一定的作用。但对于商人的约束力并不很大。后来,随着农业和手工业的发展,商业日渐活跃。至文帝时,晁错即指出:商人们坐列贩卖,囤积居奇,操纵物价,放高利贷;而许多农民则"卖田宅,鬻子孙,以偿责者"。他说:"此商人所以兼并农人,农人所以流亡者也。""今法律贱商人,商人已富贵矣。尊农夫,农夫已贫贱矣。"这是法律与社会对贵贱在认识上的颠倒,所谓"重农抑商"政策已行不通。他在此时,提出了一项"贵粟政策",就是"募天下入粟县官(国家),得以拜爵,得以除罪"。国家卖爵可以多得粮食,可以减轻租税;商人为买爵得以提高社会地位,要向农民买粮,粮价得以提高。这样,国家有粮,商人有爵,农民有钱。或说是:"一曰主用足,二曰民贼少,三曰劝农功。"②文帝接受并实行了这一政策,果然立即见效。商人们竞买爵位,国家粮储大增,长城沿边的军粮丰满,又储于内地,农民的生活亦有改善。文帝于行此政策的当年,即减田租为三十税一,次年又全免天下田租,其他赋税徭役都有所减轻。可是抑商政策亦基本废除。商人由

---

① 《史记·平准书》。
② 《汉书·食货志上》。

于买得高爵而社会、政治地位日高；再加上他们的经济力量，开始勾结官府，为非作歹，投资于土地，成为豪强。汉文帝和儿子景帝相继实行"贵粟政策"和"轻徭薄赋"政策，在几十年中，给国家、社会都带来了繁荣，给农民、商人和地主也都带来了好处。这成为历史上称颂的"文景之治"的基本内容。当然这只是当时政治和社会的一个方面，上述刘邦实行权宜政策而积累下来的主要问题亦日益严重。

三、汉武帝为加强中央集权而"更化"

汉武帝即位时，国家已很富庶，综合国力很强；可是上述的主要问题已形成严重政治矛盾，一触即发。政治与社会已到了必须大力变革的时候。汉武帝是一位有雄才大略的君主，他一即位，就曾用策问的方式向当时一批很有学问的人征询治国之道。所得的结论正如董仲舒所说："临渊羡鱼，不如退而结网"，应当"更化"[①]，就是"改革"。汉武帝改革很全面，而且相当坚决有力。可称得上是全面地"汉承秦制"，而且有所发展、完善。其政治改革的中心问题就是加强中央集权。主要事项有四：

一是改革中枢体制，削弱相权，集大权于皇帝。具体做

---

① 《汉书·董仲舒传》。

法是：以皇帝身边的尚书令为主，结合亲信侍从如侍中、给侍中、常侍等，组成"内朝"（亦称"中朝"），为决策机构，史称中枢机构。以丞相为首的三公九卿组成的朝廷为"外朝"，为执行机构。亲信大臣和将军只有在由皇帝给予"领尚书事"之名，始可参与中枢。

二是实行"推恩令"。即诸侯王死后，除嫡长子继王位者得承袭封国的部分土地外，其余土地由皇帝以"推恩"之名，赐给庶子以为侯国。王国于是一再缩小，亦无政治特权，王国、侯国的主要官吏由皇帝任免，同于郡县。

三是恢复监察制度，而且有所发展。分全国为十三个州部，每部为一个监察区，管几个郡。部设刺史一人，规定"以六条问事，非条所问，即不省"[①]。一条察"强宗豪右"，五条察郡守、尉和王国相，凡违法乱纪、仗势欺人、贪污腐化、结党营私等，都在监察之列。后又设司隶校尉，驻京师，专掌封京师百官（三公除外）和三辅（京兆、冯翊、扶风）、三河（河东、河内、河南）、弘农七郡的监察。这些监察官直接听命于皇帝，对皇帝负责，官阶都不高[②]，权力却很大。这是

---

① 《汉书·百官公卿表上》颜注引《汉官典职仪》。
② 刺史为六百石，司隶校尉为比二千石。太守、王国相及卿等，均为二千石或中二千石。

汉武帝的"以内制外，以小制大"的治术。

四是集军权于皇帝。改革军事制度，削弱征兵制，推行募兵制。以募兵为职业兵，常驻京师，以保卫京师和皇帝。侍从军有三支，为期门军、羽林骑和羽林孤儿。前两支主要由侍中、常侍、武骑和陇西、北地等六郡良家子[①]善骑射者组成，约有两千人。羽林孤儿是为国战死者的子弟组成。因养于羽林宫，教习战射，故称羽林孤儿。此外，还有八支禁卫军，每支约有士卒七百人，由招募的职业兵组成，分属于八个校尉，此禁卫军亦称"八校尉"，驻京师，亦用于出外作战。

汉武帝整顿财政，首先是改革币制。西汉前期，币制很不稳定，经常改变。除中央铸币外，还准许地方官府和私人仿铸。因此货币的大小、轻重、规格、质量都很混乱，严重影响到民间的商业交换和国家的赋税征收。汉武帝于元狩五年（前118），下令由上林三官（在上林苑，有钟官、技巧、辨铜）铸造五铢钱，作为法定货币，通用于全国。同时宣布废除一切旧币，又严禁地方官府和私人仿铸。五铢钱有周郭，上有"五铢"二字，同于重量，式样规整，盗铸不易，流通方便。此货币使用后，情况稳定，一直沿用了三百多年，到三国时期。

---

① 六郡为陇西、天水、安定、北地、上郡、西河。《史记·李将军列传》"索隐"如淳云：良家子"非医、巫、商贾、百工也"。

汉武帝在对匈奴作战期间，为了财政的需要，曾实行过盐铁国营政策，还有均输、平准等。均输是由国家在各地统征物资，运到指定地点出卖。平准是由国家平抑物价的政策。盐铁国营和均输、平准政策都是由商贾出身的人充任执行官吏，因为他们有经商经验。

汉武帝的财政改革不仅改善了国家的财政需要，亦加强了中央集权。

四、两汉经略边疆与开通丝绸之路

两汉经略边疆是从西汉武帝开始的，最后奠定了中国古代早期大一统疆域的规模则要到东汉明、章二帝时期。

边疆问题在西汉文、景时期已成为大患，尤其是匈奴的不断入侵，汉武帝即位不久，就在筹划对策。

元光二年（前133），他用大臣王恢之计，在马邑（今山西朔县）设伏，以三十万人击匈奴，匈奴因警觉而退，汉军无功。从此拉开了汉、匈之间的战幕。此事，史称"王恢谋马邑，匈奴绝和亲"[①]。此后，汉武帝对匈奴进行的对抗战争时长为四十余年。战争的决定性阶段集中在元朔元年（前128）

---

① 《汉书·匈奴传上》。

到元狩四年（前119）的十年中，共有大战三次。在前两次大战中，汉收复了今内蒙古伊克昭盟，设朔方与五原郡；夺得祁连山和河西走廊，先后设酒泉、武威、张掖、敦煌四郡。在第三次大战中，汉以卫青出定襄（今内蒙古和林格尔西北），霍去病出代郡（今河北蔚县），各率骑兵五万，步兵数十万，进击至今蒙古高原北部，连破匈奴军，匈奴被迫北徙漠北。汉匈战争，两败俱伤，汉损失士卒数万人，马十余万匹，无力再进行较大规模的战争；匈奴的损失也很惨重，后分裂为五部，互相攻杀。其中的一部首领为呼韩邪单于，投降汉朝，南徙到长城一带。前33年，呼韩邪单于到长安，要求与汉和亲，汉元帝以宫人王嫱（字昭君）嫁与呼韩邪单于，呼韩邪立她为宁胡阏氏[①]（yān zhī）。元帝亦改年号建昭为"竟宁"[②]。自"王恢谋马邑，匈奴绝和亲"到昭君出塞，其间汉、匈处于战争状态时长整整一百年。自昭君出塞之后，汉、匈从此友好相处，有五十余年不曾发生战争，两边的经济、文化交流日益发展。在今大青山一带出土的"单于和亲"砖，文曰：单于和亲，千秋万岁，安乐未央。还有很多汉制丝织品、汉武铜鼎、铁剑、漆器、陶器等与匈奴的"鄂尔多斯"式的文化遗物，如蝴蝶展翼

---

① 阏氏：单于妻。
② 竟宁：竟与境通，边境安宁。

状短剑、弧背铜刀、透雕动物形象的铜饰牌等共存，这些文物证明了自昭君出塞以后，开始了汉、匈之间长期和平友好相处与文化密切交流的新时期。

在汉、匈交战期间，西域曾是两国争夺的地区。原来汉称西域，主要是指今新疆自治区地区。这里沙漠很多，土地很少，人们居于河流灌注的绿洲上，共有三十六国，大国二三万人，最大的有八万人；小国数千人，最小的只有六百多人，以从事农业生产为主的，被称为城郭国家；随畜牧逐水草而居的，没有定处。西汉末分为五十余国。西汉中期以后，中原人对于西域的概念扩大，今中亚及其以西地区皆称西域。

汉武帝即位不久，就计划在西域争取与国，以便于东西夹击匈奴。据说，原居于今敦煌、祁连一带的大月氏族在文帝时，为匈奴击破，西徙妫水（今阿姆河）流域，重建国家。汉武帝于建元三年（前138）派张骞出使大月氏，张骞在路上，为匈奴截获，羁留十多年后，他乘机西逃。先到大宛（今中亚费尔干纳盆地）、康居，后辗转到大月氏。大月氏的老王已被匈奴杀死，新王因满足于现有的生活状况，不愿与汉共击匈奴，亦不愿再回故地。张骞等了一年多，没有满意的结果，就沿南山（今昆仑山）东归。路上又为匈奴扣留，次年（元朔三年，前126）逃回长安。张骞出使，时长十三年，历尽千辛万苦，同行者一百余人，回到长安时只剩下他与匈奴侍从堂邑父两人，还有一个匈奴妻子也到了长安。他在西域时，曾到过大宛、康居、大月氏、大夏等国，还了解到旁边有五六个大国，如乌孙（在今伊犁河流域）、安息（今伊朗）、条支（今伊拉克）、奄蔡（今咸海北）等。他对这些国家的政治、社会、地理、物产、风俗等情况做了较详细的了解，回国后，报告了汉武帝。这是中国人对今新疆和中亚、西亚等地有具体了解的开始。

张骞第二次出使西域是在元狩四年（前119），是为约乌孙共击匈奴。乌孙原居于今敦煌、祁连之间，与大月氏为邻，后徙伊列水（今伊犁河）建国，人口约六十三万人。乌孙也不愿与汉共击匈奴，以迁回故地。张骞回国时，乌孙派使者数十人陪同回到长安，赠送给汉武帝良马数十匹。张骞出使时，有持节副使和随行人员共三百余人，每人有马二匹，携带牛羊以万数。副使们分别到大宛、康居、大月氏、大夏、安息、身毒（今印度、巴基斯坦）等国，后来亦由各国使臣陪同回到长安。

张骞通西域，史称"张骞凿空"，"西北国始通于汉矣"[①]。此后，汉武帝积极经营西域。于元封六年（前105）、

---

① 《史记·大宛列传》。

太初四年（前101）先后以宗室女细君、解忧为公主嫁给乌孙王。西域南道各国多与汉亲善，汉武帝于太初四年在西域置使者校尉，驻乌垒城（今新疆轮台县东北小野云沟附近），又在渠犁（今尉犁县西）驻兵屯田。宣帝神爵二年（前60），汉又控制了西域北道，改使者校尉为西域都护，仍驻乌垒城。从此时起，今巴尔喀什湖以东、以南广大地区都成为西汉王朝的疆域，归西域都护统辖。①

今天所说的"丝绸之路"开始于西汉在西域设置行政管理机构之时。当时的道路为由东而西：自长安经河西走廊通向中亚，共有两条道路：一条出阳关，经鄯善（今罗布泊附近，即古楼兰），沿昆仑山北麓西行，过莎车，西逾葱岭，出大月氏，至安息，西通犁靬（罗马共和国）；或由大月氏南入身毒。另一条出玉门关，经车师前国，沿天山南麓西行，出疏勒，西逾葱岭，过大宛，至康居、奄蔡。汉使至安息、奄蔡、犁靬、条支、身毒等国者，一年中，多时十余批，少时五六批。一批多则数百人，少则百余人。近的，要两三年返回；远的，要八九年返回。当时经这条道路运往西方的商品有蚕丝、丝织品、漆器、铁器等，铸铁和凿井技术也在这时西传。西方

---

① 《后汉书·西域传》："西域内属诸国，东西六千余里，南北千余里，东极玉门、阳关，西至葱岭。"

输进中国的商品有良马、骆驼、香料、葡萄、石榴、苜宿、胡麻、胡瓜、胡豆、胡桃等。

西汉末年至东汉初年，中原大乱，旧王朝倾颓，新王朝虚弱，都无力关照西域，匈奴于此时加紧对西域各国的控制和奴役。东汉明帝于永平十六年（73）派军进驻伊吾庐（今新疆哈密），翌年任命西域都护，仍驻乌垒城。于此时，派班超率吏士三十六人到天山以南活动，得到南道诸国的支持，杀匈奴使者，控制了南道。后又击退贵霜王国（大月氏人）的入侵，击败匈奴在北道的势力。永元三年（91），班超被汉和帝任为西域都护，西域五十余国相继摆脱匈奴的奴役，归于都护统辖。班超在西域经营三十年，至永元十四年（102），奉诏回洛阳。他于八月到洛阳，九月病故，时年七十一岁。此时的丝绸之路，据《后汉书》卷七八《西域传》曰："立屯田于膏腴之野，列邮置于要害之路。驰命走驿，不绝于时月，商胡贩客，日款于塞下。"

两越地区在秦始皇时，已设置了四郡，即闽中郡和南海三郡，直隶于朝廷。可是至西汉前期，此四郡都脱离朝廷，成为东瓯、闽越、南越三个半独立状态的王国。汉武帝初即位时，闽越进攻东瓯（东越），东瓯向长安告急。汉武帝派兵救东瓯，闽越退兵，东瓯请求内迁，武帝迁东瓯人于江、淮之间。后来闽越又进攻南越，南越也向长安告急，武帝出兵击闽越，闽越内江。武帝派陆海士卒进攻闽越,后亦迁闽越人于江、淮之间。

南越王婴齐是赵佗的曾孙。为太子时,曾在长安宿卫,娶邯郸女缪氏为妃。婴齐为王时,立缪氏为后。婴齐死,缪氏子兴继位,母子上书:"请比内诸侯,三岁一朝,除边关。"①可是南越国丞相吕嘉反对内属,杀缪氏和南越王兴及汉使,另立婴齐的越妻之子建德为王,与汉对抗。元鼎五年(前112)秋,武帝遣伏波将军路博德、楼船将军杨仆等以水陆军十万人分四路进攻南越,次年破番禺(今广州),俘吕嘉、建德等,以南越置儋耳、珠崖、南海、苍梧、郁林、合浦、交趾、九真、日南等九郡。

今天所说的我国古代海上丝绸之路,是由今两广的某些口岸通向南海、南洋、印度洋的海上航行路线。这条航线的开通不可能是一日之功,而是随着航海能力和技术的发展逐步探索而成。从已发现的考古资料来看,1975年,在广州发掘出来的属于秦至西汉初年的造船厂遗址,规模相当宽阔,有三个造船台,船台长度估计在一百米以上,可建造身宽五至八米、载重二十五至三十吨的木船②。自汉武帝在岭南置郡以后,促进了

---

① 《史记·南越列传》。
② 《广州市文物志》编委会:《广州市文物志》第一篇第一章第三节《秦汉造船工场遗址》。撰稿人:麦英豪。

海上交通的发展。据《汉书》卷二八下《地理志下》记载：自徐闻（今属广东）、合浦（今属广西）沿今印度支那半岛近海南行，可达半岛南部及马来半岛各国；又经今马六甲海峡，西过印度洋，可建黄支国（今印度东南）。黄支之南，还有已程不国、皮宗等。汉人远航到这些国家或地区者，带有翻译，采购明珠、璧琉璃（宝石）、奇石异物等，带去的则是黄金和各种丝织品。那里的人航海来汉朝交易的也日渐增多。汉平帝时，黄支国王曾运来活犀牛。东汉和帝时，天竺几次遣使前来赠送方物。顺帝时，叶调国（今爪哇岛或苏门达腊岛）王遣使赠送方物。桓帝时，大秦国（古罗马帝国）王安敦遣使送来象牙、犀角、玳瑁等。《吴时外国传》记载："从加郍调州乘大伯舶，张七帆，时风一月余日乃入秦，大秦国也。"①双向交流的海上丝绸之路大约在东汉时已经畅通了。

西南夷地区包括了今四川和重庆的西南部，贵州西部和云南全部。秦始皇时，只占有四川和云南接壤的东部地区，到刘邦时，又全部放弃。张骞从西域归来，说在大夏时见到蜀布和邛（今四川西昌东南）竹杖，据当地人说，是从在身毒的蜀商买来的。又知，身毒在大夏东南数千里，在邛西二千里。他对

---

① 《太平御览》卷七七一《舟部四》"帆"，中华书局1960年2月影印版，第3419页。

汉武帝说，汉欲通大宛、大夏、安息等国，经河西，易为匈奴、羌人所阻；如自蜀通身毒，路既近，又无阻碍。这就是当时民间通向西南的早期丝绸之路，是一条山水阻隔、民族复杂、不易通行的羊肠小道。

汉武帝时，曾派出十余批人经略西南夷，寻求这条道路。过滇（今滇池一带）而西，至今洱海附近，为昆明夷所阻。武帝封已投降的少数民族头人为王侯；以夜郎部为犍为郡（今四川宜宾），以且（jū）兰部为牂柯郡（今贵州黄平），邛都部为越嶲郡（今四川西昌），作都部为沈黎郡（今四川汉源东北），冉駹部为汶山郡（今四川茂汶县北），白马部为武都郡（今甘肃西和），滇国为益州郡（今云南晋宁），共七郡，所封王侯各给印绶。如20世纪50年代，考古工作者在晋宁石寨山发现的一颗汉式金印，文曰"滇王之印"，应是当年的遗物。

西汉中后期，西南七郡的经济、文化发展较快，对附近的民族地区有很大的影响。东汉前期，汶山郡以西的白狼、槃木、唐菆等部有一百三十余万户六百万余口，自愿内属。并作颂歌三章，献给东汉皇帝。①

---

① 原文汉字对音和译文都保存在《后汉书·西南夷列传》及李贤注中。三首歌由当时的犍为郡掾田恭译出，为《远夷乐德歌》《远夷慕德歌》《远夷怀德歌》，合称《白狼歌》，备述"白狼王、唐菆等慕化归义"之意。

益州郡以西的广大地区亦有许多民族，时称哀牢夷。光武帝建武二十七年（51）至明帝永平十二年（69），哀牢夷有两支自愿内属，共有五万余户，五十余万口。汉先在哀牢地区设置哀牢（今云南盈江东）和博南（今云南永平南）两县，后又设永昌郡（今云南保山），以郑纯为永昌郡太守。至此时，中国的西南疆域已达于今澜沧江和怒江以西。中原人来到这里的已很多，有人作歌曰："汉德广，开不宾。度博南，越兰（澜）津。度兰仓（澜沧），为它人。"①

永昌郡的南面是掸族聚居区。和帝永元九年（97），掸王雍由调和附近各族遣使到洛阳，奉献珍宝。和帝赐给雍由调金印紫绶，赐给掸族其他贵族印绶和钱帛。安帝永宁元年（120），雍由调又遣使来京，"献乐及幻人，能变化吐火，自支解，易牛马头；又善跳丸，数乃至千"②。这些魔术师自言是海西人（大秦国，即古罗马帝国）。安帝在宫廷观赏了魔术表演，又封雍由调为"汉大都尉"，赐给印绶、金银和丝织品。

从这些事实可以看出，西南丝绸之路到东汉中期，已经开通。

---

① 《后汉书·西南夷列传》。
② 《后汉书·西南夷列传》。

两汉时期的疆域经过汉武帝、汉明帝这两代英主的经营，再加上中原地区迅速发展的经济、文化的影响，其范围已远远超出了秦朝的疆域范围，边疆的民族关系和社会安定程度也超过秦朝。

秦朝统治的时间很短，所留下的述及疆域范围的资料都是相对的概念，相当笼统。两汉的疆域都有文献记载，比较具体明确。关于西汉，其本部（西域都护辖区除外）：北至大青山、今沈阳以北到鸭绿江，南至今海南岛和越南中部以南，东至东海，西至玉门关和阳关。《汉书·地理志下》曰：汉之疆域东西九千三百二里，南北一万三千三百六十八里。有郡国一百三，县邑一千三百十四，道三十二，侯国二百四十一，已垦田八百二十七万五百三十六顷，民户一千二百二十三万三千六十二，口五千九百五十九万四千九百七十八。"汉极盛矣！"关于西域都护辖区，《汉书·西域传上》曰："本三十六国，其后稍分至五十余，皆在匈奴之西，乌孙之南。南北有大山，中央有河，东西六千余里，南北千余里，东则接汉，厄以玉门、阳关，西则限以葱岭。"东汉的疆域除西南地区有所拓广外，其他地区与西汉后期略同。关于地方政区的设置，光武帝时有较大的减省，后又稍有增益。据顺帝时统计：有"郡、国百五，县、邑、道、侯国千一百八十，民户九百六十九万八千六百三十，口四千九百一十五万二百二十"[①]。

---

① 《后汉书·郡国志五》。李贤注引应劭《汉官仪》："永和中，户至千七十八万，口五千三百八十六万九千五百八十八。"孝桓"永寿二年（156），户千六百七万九百六，口五千六万七千八百五十六人"。

秦始皇的是非得失

秦始皇的功过是非,永远是一个说不尽争不完的话题。两千年前,他创建了一套"中央集权制度",不知什么原因,竟触怒了今天的一些学者,又再次被指责为"暴君",并扣以新制的大帽子——专制主义中央集权制的始作俑者。当然,这样的观点有人赞成,但也有人反对。反对者认为:中央集权制应当肯定,因为它适应了当时中国的国情,所以为历代天朝所继承,而且行之有效。至于"暴君"问题,似失之片面,不能攻其一点,不计其余。今将浅见述下。

一

秦始皇的第一大功绩,是"消灭六国,统一中国"。此话虽是老生常谈,但不是人云亦云,而是各有见解的。如历史循环论者看此话，就会"话说天下大势，合久必分，分久必合"。用此观点评价秦始皇，其功业必然不甚了了。但请历史发展观者看此话，其议论可能大大不同。他会说：秦始皇消灭了一个旧时代，开启了一个新时代。不仅如此，还会说：秦始皇又"废封建，置郡县"；继续开疆拓土，为后代的帝王树立了"天子经略，诸侯正封"①的好榜样。

所谓"旧时代"，是指秦朝以前的夏、商、周三代。所以言其"旧"，是因为三代时的所有国家的制度都很落后，而且疆域从未统一。就其制度而言，当时的大小国家都是由原始社会末期的氏族、部落演化而来，依托于血缘宗法，建立其政治制度。夏、商、周三个王朝原为三个大国，文化比较发展。中等国谓之方国或诸侯，小者以族属为名，星罗棋布。其生存状态，一直处于融合与兼并的过程中。史称：夏时诸侯，号称万国，至商而有三千，至周而有八百，至春秋，存者仅百余国。春秋与战国是社会转型时期，战争之多，恶性循环。至有"春秋无义战"之说。战国时期之七雄，都号称"万乘之国"，每逢大会战，双方出兵都以十万计。"争地以战，杀人盈野；争城以战，杀人盈城。"②其惨烈之状，难以言表。以致更加剧

---

① 《诗·小雅·北山》。
② 《孟子·离娄》。

了社会混乱，经济凋敝，壮者散至四方，老弱转死沟壑。事实说明，这个旧时代已经走到了尽头。

梁襄王的魏国虽相当落后，但还是个大国。他为长期战乱而忧心，曾向孟子请教。他问："天下恶乎定？"答："定于一。"又问："孰能一之？"答："不嗜杀人者能一之。"①两人都希望天下安定，可是怎样实现天下安定，梁襄王"好战"，孟子"反战"，两人的主张，南辕北辙；而且都不切合实际。但当时的秦国却为"旧时代"找到了一条比较可行的新出路，就是通过"商鞅变法"，破旧立新，以农养战，富国强兵，逐步吞并六国，走"海内一统"之路。秦经过孝公、惠文王、武王、昭王、孝文王、庄襄王六代之经营，至秦王政时，诛其君，吊其民，只用了十年时间（前230—前221），就"消灭六国，统一中国"。结束了纷纷扰扰长达数百年的旧时代，开启了天下大一统的新时代。

关于旧时代的疆域，文献记载不多。夏朝的疆域跨今黄河中游的南北两侧，商灭夏朝，疆域扩至黄河中下游两侧，但均无明确疆界。西周灭商之后，号称"溥（普）天之下，莫非王土"。②据春秋前期王室大夫詹桓伯曰："我自夏以后稷，

---

① 《孟子·梁惠王上》。
② 《诗·小雅·北山》。

魏、骀、芮、岐、毕,吾西土也;及武王克商,蒲姑、商、奄,吾东土也;巴、濮、楚、邓,吾南土也;肃慎、燕、亳,吾北土也。"①周王室在这个范围之内仍未统一,王室只占据邦畿以内地区,其他皆为大小封国,都处于独立或半独立的状态,春秋时期,王室衰微,大国争霸;战国时期,七雄并争,都谈不到统一。只是到秦始皇时,才"六王毕,四海一"②,从根本上改变了原有的疆域形势。然而,秦始皇的可贵之处还不全在于此;而又在于他已灭六国之后,并不停止前进的步伐,而是命灭楚的军事统帅王翦继续向东南进军。东越投降,将其疆土划入会稽郡(治今江苏苏州)。闽越投降,就地设闽中郡(治今福建福州)。又命尉屠睢等进军岭南,在南越北区设南海(治今广东广州)、桂林(治今广西桂平)、象(治今广西崇左)三郡。又命常頞向西南夷进军,开五尺道,自今四川宜宾南通云南曲靖。始皇三十二年(前215),又命将军蒙恬率士卒三十万北逐匈奴,收复河南(今内蒙古伊克昭盟),置三十四县。又北渡河,据阴山,连接旧时秦、赵、燕长城为一,西起临洮(今甘肃岷县),东至鸭绿江,延袤万里,以北防匈奴,这就是著名的万里长城。此时,秦之疆域"东至海暨

---

① 《左传·昭公九年》。
② 杜牧:《阿房官赋》。

朝鲜，西至临洮、羌中，南至北向户（今越南中部），北据河为塞，并阴山至辽东"。[①]比西周时之疆域至少要超过五倍，为今天祖国之疆域奠定了基础。

二

秦始皇第二大功绩，是"废封建，置郡县"。此"封建"一词不是指社会性质，而是指政治制度。即"封诸侯，建藩卫"之省语。有人理解：这只是改变了地方行政制度，如说："改国称郡，罢侯置守。"这一理解过于肤浅。其实际的内容很多，包括了从中央到地方所有政治制度的全面彻底的改革，其中包括了对人事制度的改革等。

改革以前的旧的政治制度是依托于血缘宗法关系建立起来的，始行于夏朝，发展于商朝。至西周前期，已形成较完善的制度。此制度的核心价值为：严格嫡庶的权益分配；以嫡统庶，以庶辅嫡。时称："封建亲戚，以蕃屏周。"[②]西周前期，就是用这一制度统治天下，王室和诸侯国都获得了稳定和发展，证明此制在当时是有效的。可是，二百年后，此制日益

---

① 《史记·秦始皇本纪》。
② 《左传·僖公二十四年》。

腐朽，不为人所遵守。首先严重破坏宗法政治的事件发生在周王室。如周幽王废申后，另立妾褒姒为后；又废申后所生太子宜臼，另立褒姒所生伯服为太子。此事惹怒申后之父申侯，他联合犬戎，攻破西周国都镐京（今陕西西安西），杀幽王，西周灭亡。太子宜臼立为平王，东迁洛邑（今河南洛阳），史称东周。东周王室和诸侯们似未从幽王事件中得到应有的教训，从平王之子桓王开始，几乎代代都有废嫡立庶之事发生，而且都引起战乱。诸侯大国如齐、鲁、卫、晋、郑等莫不如此。至战国时期，宗法政治因腐朽而内斗更加严重，异姓卿大夫乘虚而入。春秋末年，晋国异姓韩、赵、魏三家已经控制了姬氏的国家大权，并三分其国土。公元前403年，周威烈王赐三家为诸侯。前376年，三家灭晋。齐国国君本姓姜氏，而异姓的田氏却早已控制了姜氏的国家大权，前386年，周安王赐田和为诸侯，取姜氏而代之，仍以齐为国号。关东，包括燕、楚两个旧国在内，新旧六国都曾进行过一些改革，但成效甚微。基本上是旧制度、旧势力在垂死挣扎。一旦强秦进攻，即丢盔弃甲，束手待毙。

秦始皇所创新制，可以说比较彻底地消除了旧的宗法制的羁绊和模式，从当时的政治和社会的实际需要出发，创建了一套系统完整的国家制度。本文为了说明的方便，分中央和地方两级,各举两例,略述于下。

1. 中央——以皇帝为首,由三公九卿组成中央机构

(1)皇帝为国家元首——秦始皇敢于"坏先王之制",废"王"号,称"皇帝",这是出于全面改革的需要。皇帝已非旧制本族之"大宗",而是至高无上的国君。与之相应,皇后已非旧制国王众妻之正,而是执掌六宫、母仪天下的女主。皇太子已非旧制本族之"宗子",而是储君,法定的皇位继承人。此新制创行,将降低旧制时发生"并后、匹嫡、两政、偶国"的几率,清除乱政之源。

(2)由三公九卿组成中央政务机构——废除旧时之世卿世禄制或谓之世官世职制,由命官三公九卿组成中央政务机构,以处理日常政事。三公为丞相、太尉、御史大夫。丞相为"百官之长",但非旧时之宰衡,只是皇帝的助手。故曰:"掌丞天子,助理万机。"[①]太尉掌军事,御史大夫掌副丞相兼监察。九卿分掌庶政,如兵、刑、钱谷等事。九卿不足,因事设列卿主之。公卿皆非世职,由皇帝任免。

秦朝是多民族国家,九卿中之典客与列卿中之典属国分掌民族事务。《百官公卿表上》曰:"典客,秦官,掌诸归义蛮

---

① 《汉书·百官公卿表上》。

夷，有丞。……属官有行人、译官、别火三令，丞及郡邸长、丞。""典属国，秦官，掌蛮夷降者，……属官，九译令。"秦之中央仅有十六卿，而以两卿掌民族事务，说明了秦始皇对民族问题极重视。

2.地方行政——地方政区分郡县两级，基层分乡、亭、里

（1）地方行政为郡县两级制——秦始皇彻底废除旧的分土封侯制。初分天下为三十六郡，后增至四十郡，郡直属中央，置守、尉、监三长，分掌行政、军事、监察。郡下设县，置令（长）、丞、尉三长，分掌行政、文狱、军事。郡县主要长官由命官充当，由皇帝任免。

（2）乡亭里——归并自然聚落为基层政区乡亭里。县下设乡，乡下设亭、里。基层官吏有乡三老、亭长、里正等，均推举本地殷实户主充当，各有执掌。

秦始皇所创新制是一套比较完整系统的多民族、大一统、中央集权的国家制度。这套新制度的创建，是中国古代政治制度发展到更高阶段的标志，也是中国古代政治文明的典范。自"汉承秦制"[①]直到明清，历代王朝都以秦制为国家制度的基本模式。这套制度是中华民族的守护神，两千余年以来，疆

---

① 《后汉书·班彪传》。

土的保卫,国家的统一,社会的稳定,民族的团结,经济的发展,文化的传承,都有赖于这套制度得以实现。

三

秦始皇的第三大功绩,是"统一经济制度,统一文字"。旧时七国的经济制度和文字的形状有很大差别。东汉学者许慎曰:"(战国)分为七国,田畴异亩,车途异轨,律令异法,衣冠异制,言语异声,文字异形。"① 这些问题的存在,对统一的国家极为不利。秦始皇下令统一的事项很多,今择其中最重要者简述如下。

(1)"使黔首自实田",实行土地私有制度——所谓"田畴异亩",不仅谓亩积的大小不一,还有土地所有制及与之相关的问题在内。问题长期积累,形成了老大难。西周时期行土地国有制,名井田制。至春秋时期,此制已过时了,社会生产关系与新的生产力不相适应,亦影响到国家的赋税征收。在此情况下,各国多在进行"税改"。前645年,晋国首先"作爰田";继之为齐国"案田而税",或曰"相地而衰征";鲁国"初税亩";楚国"书土田","量入修赋";郑国"作丘

---

① 《说文解字·序》。

赋"；秦国的税改最晚，于前408年"初租禾"。但是仅仅税改不解决根本问题。秦国又在"初租禾"之后五十年，用商鞅之法，"除井田，民得卖买"①。秦国率先比较彻底地废除了旧的土地国有制，实行土地私有制。秦始皇灭六国之后，于三十一年（前216），又下令"使黔首自实田"②，就是在全国范围废除土地国有制，实行土地私有制，农户据实登记田地，按亩纳税。秦始皇此令的颁行是我国古代土地私有制确立的标志。

（2）统一货币、度量衡、车轨——此事是由左右丞相隗状和王绾主持，以原秦制为基础统一之。此举对稳定社会秩序，改善人民生活，方便国家税收，促进民间贸易，形成较大的共同市场等，都起了积极的作用。

（3）统一文字——汉字同源，传至商代的甲骨文阶段，已相当成熟。到战国时期，列国长期分立，"言语异声"等各种因素影响到文字的发展，出现了"文字异形"现象。秦灭六国后，授命廷尉李斯主持统一文字事宜。李斯以原秦国字体为基础，创制字形固定，笔画简省，书写方便的小篆（或称秦篆）作为规范化文字，推行于全国。统一文字对于巩固国家的政治

---

① 《汉书·食货志上》。
② 《史记·秦始皇本纪》集解引徐广语。

统一，促进经济、文化的发展，都起了巨大的作用。

四

秦始皇的错误也是严重的。最主要的错误有两项：

（1）焚书坑儒——秦始皇烧尽民间藏书，坑杀大批无辜的士人学者，严重摧残了我国古代文化，这是一种政治暴行。

（2）徭役太重，不恤民力——秦始皇在灭六国之后，应立即实行轻徭薄赋政策，给人民以"休养生息"的机会。可是他却好大喜功，内则大兴土木，外则劳师远征，使广大人民群众苦不堪言。于是陈胜、吴广揭竿而起，天下响应，推翻了秦朝的统治。

总的说来，秦始皇功大于过。他的功过都是我国的宝贵文化遗产。好的，我们应当珍惜，批判继承，发扬光大。坏的，也应当总结，作为教训，永远引以为戒。

西汉初年分封诸侯的得与失

两汉的制度，自东汉以来，就说是"汉承秦制"。此说在历史上并无甚异议。可是具体谈到国家体制时，都说秦行郡县制，而西汉行"郡国并行制"，两者之间有很大的不同。郡国并行制是刘邦创行的。他之所以不完全采用秦的郡县制，而另创郡国并行制，和当时的政治形势分不开，也是受到当时的政治思潮的影响。刘邦为了巩固他得来不易的统治地位，在地方行政制度方面，少设郡县，而多行分封，大者封"诸侯王"，小者封列侯。此制度虽在西汉初有过积极作用，但总的说来，这是一种落后的政治制度，对西汉来说，已不适合于当时的社会状况及其发展的要求。不仅这样，此制已成为一种祸根，不断产生各种事端，乃至重大事件。后经文、景、武三代皇帝的大力削弱，最后才把"诸侯王制度"削弱为虚有其名，王国形同郡县。武帝之后的"郡国并行制"基本上同于"郡县制"。

关于"分封制"与"郡县制"的优与劣问题,历代都有争议。唐代柳宗元写过一篇《封建论》,力主郡县制优于分封制,说"有叛国而无叛郡"。两千年来的历史证明,郡县制确实符合中国古代大一统的、中央集权的国家需要。

一、刘邦铲除异姓诸侯王,分封同姓诸侯王

诸侯王就是诸侯中的王。战国中期以后,原来大的诸侯都改称为王。可是当时并不用诸侯王之名,只称王。秦始皇在消灭六国的过程中,这些王也被消灭。至秦末,各地举兵反秦的众多,为首的纷纷称王,诸侯王之名渐被采用。如项羽分封十八诸侯,都是诸侯王,其部下有侯。

1. 异姓诸侯王的封立与铲除

刘邦在与项羽争夺天下时,他只是十八诸侯王之一。他为了打败项羽,消灭一些诸侯王是必要的;破坏项羽与其他诸侯王的关系,争取同盟者,也是必要的。争取过来的人,首先要作为同盟者对待,承认对方的"王位"。如对方尚未称王,也会以封王相许,以达到结盟的目的。即使自己的部属,如韩

信,也用封王的办法以巩固他的忠心和鼓励反项的积极性。这样,在刘邦打败项羽,登上皇位时,作为刘邦的臣属,共有七个王。因非刘姓,史称"异姓王"。七王为楚王韩信、韩王信、淮南王英布、梁王彭越、长沙王吴芮、赵王张耳、燕王臧荼。

异姓王本来与刘邦并无密切关系,为形势所迫或个人的利害关系,才归顺刘邦。封王后,疆土广大,军力很强,又有指挥大军的才能,人人有"震主之威",与新上台的皇帝刘邦互相猜疑,刘邦怕他们图谋不轨,或伺机造反;他们怕刘邦不信任他们,伺机铲除他们,彼此矛盾日益加重。

《史记·淮阴侯列传》引蒯通说韩信曰:

> 今足下戴震主之威,挟不赏之功,归楚,楚人不信;归汉,汉人震恐。足下欲持是安归乎?夫势在人臣之位,而有震主之威,名高天下,窃为足下危之。

后来的结果是:韩信、英布、彭越被杀,张耳、臧荼被擒,韩王信和后立的燕王卢绾投降匈奴。只有长沙王吴芮父子奉公守法,保留下来。

2. 分封同姓王

刘邦在铲除异姓诸侯王的过程中及以后,又新立了九个同姓诸侯王,都是刘邦的子侄。封同姓王的原因,主要是他认为秦始皇不分封子弟为王,后来陈胜等一起兵,秦皇室孤立无援,所以被推翻,这在当时叫作"惩戒亡秦孤立之败"。刘邦接受了秦速亡的教训,于是大封同姓王为藩辅,以巩固他的统治。刘邦共封同姓王九国,从汉的疆土自北而南,为燕、代、赵、齐、梁、楚、淮阳、淮南、吴,主要分布在长城中、东段以南,黄河中下游至长江中下游。几乎占去了旧时燕、赵、齐、魏、楚等国的全部疆土。属于中央(朝廷)的土地只有十五郡,主要是在旧秦国境内和韩、魏、楚的西部地区。

为什么说诸侯王国是处于半独立的状态?这是制度决定的。刘邦规定,诸侯王在封国内可以"君国子民",掌最高的统治权。政权机构基本上同于朝廷。朝廷只任命两个官吏到诸侯王国。一为太傅,是诸侯王的老师,备顾问;二为相国(后称丞相),协助诸侯王总管政务。其他自御史大夫以下的各级军、政官长,均由诸侯王自己任命。诸侯王有一定的军权,其他如行政、财政、赋税,等等,均可独立行事。这些王国的疆土广大,人口众多,物产丰富。如齐王刘肥拥有六郡七十三县,吴王刘濞拥有五十三县,又有矿山、渔盐之利。王国和郡虽同属于朝廷,可是王国不仅处于半独立状态,王国的太傅和相国(丞相)的级别也高于郡守。

《汉书·诸侯王表·序》曰:

> 汉兴之初,海内新定,同姓寡少,惩戒亡秦孤立之败,于是剖裂疆土,立二等之爵。功臣侯者百有余邑,尊王子弟,大启九国。自雁门以东,尽辽阳为燕、代……(中有齐、赵、梁、楚、吴、淮南、淮阳等),波汉之阳,亘九嶷,为长沙。诸侯比境,周匝三垂,外接胡越。天子自有……凡十五郡,公主、列侯颇邑其中。而藩国大者夸州兼郡,连城数十,宫室百官,同制京师,可谓矫枉过其正矣。

刘邦还与大臣誓约:"非刘氏而王,非有功而侯"[①],天下共诛之。

3. 广封列侯

列侯是二十级爵的最高一级,在商鞅变法时,称为"彻

---
① 《汉书·高后纪》颜师古注。

侯",通常称为"侯"。刘邦大封功臣、亲属、外戚为列侯,第一批封了一百四十余人。列侯有大有小,大者封万户,小者封五六百户。都不能"君国子民",只"衣食租税"。封侯的县称国,县令(长)称侯国相,与侯无隶属关系,只在年终将侯国内全年所收赋税按照侯所封户数拨给侯府,以供享用。侯府很小,设有几个低级官吏,为侯服务。

《汉书·高惠高后文功臣表·序》曰:

> (高祖)五年,东克项羽,即皇帝位,八载而天下乃平。始论功而定封。讫十二年,侯者百四十有三人。时大城名都民人散亡,户口可得而数,裁什二三。是以大侯不过万家,小者五六百户。……逮文、景四五世间,流民既归,户口亦息,列侯大者至三四万户,小国自倍,富厚如之。子孙骄逸,忘其先祖之艰难,多陷法禁,陨命亡国,或亡子孙。讫于孝武后元之年,靡有孑遗,耗矣。

二、诸吕叛乱,同姓王与大臣镇压诸吕

刘邦死后,吕后重用娘家的兄弟侄等,使掌大权。惠帝死后不久,立惠帝子为少帝,吕后称太后,临朝称制。封其兄吕

产为梁王，任相国；吕禄为赵王，任上将军，共掌政、军大权；又封其侄吕通为王。封吕家三王、六侯。后杀少帝及几个传为惠帝与宫人所生幼儿，另立少帝。又杀赵王友、赵王恢等。吕后死，诸吕准备发动叛乱以夺取皇位。

《汉书·高后纪》曰：

> 上将军禄、相国产颛兵秉政，自知背高皇帝约，恐为大臣诸侯王所诛，因谋作乱。时，齐悼惠王子朱虚侯章在京师，以禄女为妇，知其谋，乃使人告兄齐王（刘襄），令发兵西。章欲与太尉勃、丞相平为内应，以诛诸吕。齐王遂发兵，又诈琅邪王泽发其国兵，并将而西。产、禄等遣大将军灌婴将兵击之。婴至荥阳，使人谕齐王与连和，待吕氏变而共诛之。

太尉周勃与丞相陈平合谋，先恐吓吕禄交还将军印，把兵权归属于太尉周勃。周勃进入北军，曰："为吕氏右袒，为刘氏左袒。"军皆左袒，周勃夺得北军。这时吕产想入未央宫发动叛乱，殿门不开。刘章得周勃之令，率领千余人入未央宫，击杀吕产。又夺得南军。《汉书·高后纪》曰：

> 斩吕禄，笞杀吕媭。分部悉捕诸吕男女，无少长皆斩之。大臣相与阴谋，以为少帝及三弟为王者，皆非孝惠子，复共诛之，尊立文帝。

镇压诸吕的叛乱，同姓王起了一定的作用。这可算刘邦当年欲"惩戒亡秦孤立之败"而行分封同姓王制唯一的一次积极作用。

三、文帝时，贾谊上《治安策》

1. 文帝时，同姓王的问题日益严重

文帝自认为非嫡子而为人所拥立，即帝位后，处处谨慎，对诸侯王尤为优容。如在大臣们请早立太子时，文帝曰："楚王，季父也，春秋高，阅天下之义理多矣，明于国家之体。吴王于朕，兄也；淮南王，弟也：皆秉德以陪朕，岂为不豫哉！诸侯王宗室昆弟有功臣，多贤及有德义者……今不选举焉，而曰必子，人其以朕为忘贤有德者而专于子，非所以忧天下也。朕甚不取。"大臣们一再申请，还是立了刘启为太子。但这时文帝立赵幽王子遂为赵王，遂弟辟强为河间王，徙琅琊王刘泽为燕王，把吕氏侵夺齐、楚之地都归

还齐、楚，立朱虚侯刘章为城阳王，东牟侯刘兴居为济北王。对诸侯王的亲戚也表示优待。如"封淮南王舅赵兼为周阳侯，齐王舅驷钧为靖郭侯"。文帝的这些做法虽有拉拢修好的意思，但效果并不显著。主要是皇族自身有天然的优越感。当年刘邦初封他们时，年龄尚小。至文帝即位，他们多已年长，借身为皇族和制度上的优势，独霸一方，目无法纪，为非作歹，有的还野心勃勃，觊觎皇位。如淮南王刘长到长安，擅自刺杀辟阳侯审食其于家中；吴王刘濞装病，不到长安朝见文帝，文帝明知他装病，还派大臣送去几杖，表示安慰，并告知不必来朝，好好休养。前177年，济北王刘兴居才封立了一年，却在文帝至代北击匈奴时，发兵进攻荥阳，企图拦截文帝而杀之，以夺取皇位，结果被文帝派人俘虏，自杀身死。前174年，淮南王刘长也谋反，被捉迁于蜀，死于半路之雍（今陕西宝鸡）。

2. 贾谊上《治安策》，建议"众建诸侯而少其力"

贾谊是洛阳的读书人，年轻，但很有才气。他于前174年上《治安策》，详细分析了当时的朝廷和诸侯王间的关系，提出了使天下"长治久安"的建议。他说：现在的中央（朝廷）和诸侯王的关系，像一个人得了肿胀病，一条腿肿得和腰一样粗,一个脚趾肿得和腿一样粗,如不抓紧治疗,"必为锢疾"。"欲天下之治安,莫若众建诸侯而少其力。"①就是将老王的封疆分给他的儿子们建立小王国,王国越建越多,但各王的国土越分越小,国力也越弱,没有造反的可能。文帝很重视这个建议,但不敢贸然施行,怕引起反叛。贾谊因年轻气盛,少年得志,为老臣们所不容。文帝迁就老臣,任命贾谊为长沙王太傅。长沙地区,"地势卑湿,丈夫早夭"。贾谊很委屈地去长沙,并写《吊屈原赋》以舒怀。这就是唐朝诗人王勃在《滕王阁序》中所说的"屈贾谊于长沙,非无圣主"。

3. 文帝试行"众建诸侯而少其力"政策

贾谊离开长安后,诸侯王的问题日益严重。文帝想到贾谊当年的谏言很正确,而且应立即实行。他就分齐为六个小国,封立齐悼惠王(刘肥)的六个儿子为王。又分淮南为三个小国,封淮南厉王(刘长)的三个儿子为王。又将皇子刘武由代王改封梁王,"北界泰山,西至高阳,得大县四十余城"②以护卫京师。

---

① 《汉书·贾谊传》。
② 《汉书·贾谊传》。

四、景帝削藩与"七国之乱"

1. 晁错上《削藩策》

晁错,颍川人,是很有才能的政治家,习申商刑名之学。初在太常为掌故(六百石,主故事)。后任太子家令,曾向文帝上《论贵粟疏》《募民徙塞下疏》,都被采用。文帝很器重他,太子(后景帝)亦深信任他,号称"智囊"。景帝即位,中央和诸侯王的矛盾更加严重,而且日益尖锐。时晁错任御史大夫,上《削藩策》,建议借诸侯王犯错误的时机,削减诸侯王的封地。他说:"今削之亦反,不削之亦反;削之,其反亟,祸小;不削,反迟,祸大。"①景帝采纳了这个建议,于景帝前三年(前154),削楚王戊的东海郡、赵王遂的常山郡、胶西王卬的六个县,被削地之王对景帝和晁错更加不满。

2. 平定"七国之乱"

吴王刘濞蓄谋叛乱,为时已久。在景帝削了上述诸王的土地之后,认为吴王也有罪行,欲削他的会稽和豫章两郡。刘濞

---
① 《史记·吴王濞列传》。

闻讯，就于这年正月，紧急串连楚、赵、胶西、胶东、淄川、济南六国的诸侯王，同时举兵反叛。史称"七国之乱"。刘濞发兵二十万，号称五十万，为主力。又派人与匈奴、东越、闽越的贵族勾结，用"请诛晁错，以清君侧"的名义，举兵西向，一直打到今河南的东部，没有抵挡。景帝很惶恐，听信爰盎的谗言，杀死了晁错，派爰盎乞求刘濞退兵。刘濞不仅不退兵，还扬言要夺皇位。叛军打到梁国（今河南商丘睢阳），为景帝之弟梁王武所阻。至此时，景帝才决心以武力进行镇压。他命太尉周亚夫与大将军窦婴率三十六将军，以奇兵断绝了叛军的粮道，只用了三个月的时间，就大破叛军。刘濞逃到东越，为越人杀死，其余六王或诛杀或自杀，七国都被废除。

3. 削弱诸侯王制度

"七国之乱"后，景帝大大削弱诸侯王制度，主要有两个重点：①取消诸侯王的政治统治权，只"衣食租税"；②降低王国官吏的级别，简化政权机构，主要是改丞相为相，掌国政，内史治民，同于郡太守，直接听命于中央，取消御史大夫、廷尉等官，重要官员都由中央任免。至此，诸侯王制已形同虚设。

五、武帝行《推恩令》和《附益法》

1. 主父偃上《推恩》之策

"七国之乱"以后,诸侯王制度虽大大削弱,可是由于皇子皇孙的地位特殊,有恃无恐,常常有不法行为。还有些社会人士趋炎附势,齐集于诸王的门下,出谋划策,为非作歹。这些情况仍是国家的重大隐患。主父偃上《推恩》策,建议在老诸侯王死后,除嫡长子一人继承王位外,其他庶子得分割老王的封地,由皇帝封为列侯,侯国同于县治,归郡统辖。侯国相由皇帝任命。推恩令实行后,王国越分越小,列侯们各有封区,"人人喜得所愿"[①],拥护中央。

2. 武帝实行《附益法》和《左官律》

《附益法》也叫作《附益阿党法》。在汉武帝刚刚实行《推恩令》时,淮南王刘安和衡山王刘赐招结宾客,暗造兵器,阴谋反叛。元狩元年(前122),武帝下令逮捕了二王,二王皆自杀,受牵连的列侯、大小官吏、宾客等有数万人,二

---

① 《史记·主父偃列传》。

国被废为郡。武帝制定了《附益法》，严禁诸侯王招结宾客，限制诸侯王的活动，"诸侯惟得衣食租税，不与政事"。汉武帝还实行《左官律》，诸侯王国的官吏称左官，左官不许到中央任职。

元鼎五年（前112），武帝为祭宗庙，以列侯所献的酎金（助祭金）分量不足、成色不纯为借口，废掉列侯一百零六人，废国都改称县。后又以种种罪名废国很多，列侯都贬为庶民。

《汉书·诸侯王表·序》曰：

> 文帝采贾生之议，分齐、赵；景帝用晁错之计，削吴、楚；武帝施主父之册，下推恩之令，使诸侯王得分户邑，以封子弟，不行黜陟，而藩国自析。自此以来，齐分为七，赵分为六，梁分为五，淮南分为三；皇子始立者，大国不过十余城；长沙、燕、代虽有旧名，皆亡南北边矣。景遭七国之难，抑损诸侯，减黜其官。武有衡山、淮南之谋，作《左官之律》，设《附益之法》。诸侯惟得衣食税租，不与政事。至于哀、平之际，皆继体苗裔，亲属疏远，生于帷墙之中，不为士民所尊，势与富室亡异。

汉唐明清时期的"丝路"文化

丝绸之路是我国古代自中原地区经今之新疆,西通中亚、西亚、南亚,乃至南欧、北非的大道。汉唐时期,海运不甚发达,这条大道曾是沟通东、西方经济、文化关系的大动脉。唐宋以后,海上交通日益发展,我国东南沿海和阿拉伯海沿岸诸国之间,已有巨型船只直接往来,东、西方的联系渐以海道为主,但丝绸之路的作用仍是巨大的。本文主要谈有关汉唐时期丝绸之路的情况。

一

丝绸之路的开通,是中国和中、西亚各国的政治和社会经济发展的需要。开通时间应从汉武帝建元三年(前138)算起,开通这条道路的主要人物是张骞。

在张骞通西域以前，我国和西方有无往来呢？迄今可见的资料只是蛛丝马迹。在西方，古希腊人克泰夏斯（约生于前400年时）有过关于"赛里斯人"[赛里斯（Seres）指中国]的记载。但可能是后人的伪托。古希腊地理学家斯脱拉波（前54—公元24）的《游记》中说，前3世纪时，拔克脱利亚国"诸王拓其疆宇至赛里斯及佛利尼国而止"[①]。拔克脱利亚在《史记》和《汉书》中称作"大夏"，是由古希腊人的一支建立的国家。其最强盛时，疆域北起阿姆河上游，南达印度河，东至葱岭，与我国为邻。这些记载，仅说明在丝绸之路开通以前，西方已知有一个赛里斯。近年来，我国考古工作者在河南洛阳和湖南长沙等地的战国墓葬及河北满城的西汉前期中山靖王刘胜的墓葬中，发现有玻璃器或玻璃饰物。据研究，是地中海东岸地区的产品，或用其技术烧造的。这一情况，说明在丝绸之路开通以前，西方的某些商品或技术已进入中国。但由何路进入，尚不明确；而且为数也极少。张骞第一次到西域时，在大夏见到我国巴蜀地区产的邛竹杖和蜀布。他询问大夏人，答曰："吾贾人往市之身毒（今印度、巴基斯坦），身毒在大夏

---

① 张星烺：《中西交通史料汇编》，朱杰勤校订本第一册第17~18页。此拔克脱利亚应为大夏，非以旧名称月氏人。

东南可数千里。"① 据张骞推测，自巴蜀经西南夷到身毒，有一条民间的商道。这条商道可能是存在的；但由于此路必须经过为数众多的高山激流，民族又很复杂，交通极不易。因此邛竹杖、蜀布等商品，可能是由那一地区的各民族间辗转相传而去的。

张骞奉汉武帝之命第一次出使西域，是以政治使节的身份，去联合大月氏（今阿姆河上游地区），希图与汉东西两面夹击匈奴。大月氏原居敦煌、祁连之间。西汉前期，为匈奴所逐，西徙中亚。张骞至大月氏，大月氏安于"地肥饶，少寇，志安乐；又自以远汉，殊无报胡之心"。张骞不得要领而还。尽管是这样，他却在此行中，遍游了大宛、大月氏、大夏、康居等国，还了解了更远的一些国家如安息（今伊朗）、条支（今伊拉克）、身毒、奄蔡（今哈萨克斯坦西部）和乌孙（今哈萨克斯坦东部）的情况。他回国后，把上述这些国家的方位、道里、政治、军事、物产、文化、地理等状况一一报告了汉武帝。例如他说："安息，在大月氏西可数千里。其俗土著，耕田，田稻、麦，蒲陶酒。城邑如大宛。其属小大数百城，地方数千里，最为大国，临妫水（今阿姆河）。有市，民商贾用车及船，行旁国，或数千里。以银为钱，钱如其王面。

---

① 《史记·大宛列传》。

王死，辄更钱，效王面焉。画革旁行以为书记。其西则条支，北有奄蔡、黎轩。"①这个报告改变了当时中国人关于"天下"的概念，扩大了世界视野，为开通丝绸之路，发展中国和中亚、西亚、南亚以及更远的国家之间的关系提供了重要根据。司马迁说："大宛之迹，见自张骞。"②此话是符合事实的。

张骞第二次出使西域，是在汉武帝元狩四年（前119），仍以政治使节的身份，邀乌孙回居祁连、敦煌之间，与汉共拒匈奴。乌孙原居于此地，西汉初，为大月氏所破而西徙。

张骞这次出使，汉朝已在祁连、敦煌一带设置了武威、张掖、酒泉、敦煌四郡；还控制了南疆。匈奴之败已成定局。所以这次的使命，有联合乌孙和广泛地访问西域各国这双重任务。张骞第一次出使，使团为百余人，第二次的使团为三百人，"马各二匹，牛、羊以万数，赍金币帛直数千巨万。多持节副使，道可使，使遗之他旁国"③。张骞至乌孙，乌孙不愿返回故地，于次年遣使者数十人，陪同张骞回到长安，赠予汉武帝良马数十匹。使团的其他副使分别遣至大宛、康居、大月

---

① 《史记·大宛列传》。
② 《史记·大宛列传》。
③ 《史记·大宛列传》。

氏、大夏、安息、身毒等国，受到各国的欢迎。如安息国王米理斯二世派将军率两万骑，自都城番兜（今伊朗北部）东行数千里，至边境，专程迎接汉使。汉使归国时，安息王又派出使团，陪同汉使回到长安，并赠给汉朝鸵鸟蛋等珍奇礼物和一个魔术团。其他副使归国，亦由访问国的使团陪同。此时，中国通往西域的大道才真正开通。司马迁说："张骞凿空"[①]，这个评价并不过分。

这条大道自长安经河西走廊，再西，分为两道：一条是自阳关（今甘肃敦煌西南）西行，经楼兰（后称鄯善，今新疆若羌东北），沿昆仑山北麓，过于阗（今和田）、莎车、蒲犁（今塔什库尔干），逾葱岭，至大月氏。再南行，到身毒；西行，到安息和地中海东岸，即黎轩（亦称大秦，就是古罗马共和国），这是南道。另一条自玉门关（今敦煌西北）西行，经车师前国（今吐鲁番附近），沿天山南麓，过焉耆、姑墨（今阿克苏）、疏勒，逾葱岭，至大宛。再西北行，到康居、奄蔡；西南行，到大月氏、安息，这是北道。这条大道开通后，我国的丝织品或丝就源源不断地运向西方，并受到西方各国的欢迎。于是，这条大道就被人们称为"丝路"或"丝绸之路"。

---

① 《史记·大宛列传》。

二

开通丝绸之路的直接的、主要的动力是政治因素。在此后两千年间,这条道路的畅通与否,亦受着沿路各国或各国间的政治和军事形势的影响。

道路开通后,各国多设机构,保障交通的安全与商旅的食宿。如西汉,"自敦煌西至盐泽(今罗布泊),往往起亭,而轮台、渠犁(今轮台以东)皆有田卒数百人,置使者校尉领护,以给使外国者"[①]。在西亚,"从安息陆道绕海北行,出海西,至大秦,人庶连属,十里一亭,三十里一置,终无盗贼寇警"[②]。亭、置和邮、驿的性质基本相同,是官府机构,兼管军政邮递,接待官使及安顿一般商旅,亦管地方治安。

张骞自乌孙归国后,以功拜大行令,掌少数民族和外交事务,位列于九卿。一年后,去世。汉武帝在世时,乌孙王以马千匹为聘礼,向汉朝求婚。武帝以江都王建之女细君为公主,嫁乌孙王。并"赐乘舆服御物,为备官属、宦官、侍御数百

---

① 《汉书·西域传·序》。
② 《后汉书·西域传·大秦国》。

人,赠送甚盛"①。以后细君病死,汉又将楚王戊之孙女解忧嫁给乌孙王。汉每年遣往西域的使团,多时十余起,少时五六起。每个使团的人数,多则数百,少则百余人。远者八九年才返回,近者两三年返回。去时,携有大量的丝织品和金银财物;归来时,带回一些贵重或中国缺少的物产。东汉明、章时期,中国和西方的关系进一步发展。"其条支、安息诸国至于海濒四万里外,皆重译贡献。"②和帝永元九年(97),东汉的西域都护班超遣使节甘英访问大秦(古罗马帝国)。甘英经安息、条支,到了波斯湾岸边,未能渡海而还。这是当时两汉使节西行最远者之一。

西方各国使者来我国的也很多。《史记·大宛列传》曰:"西北外国使,更来更去。"这些使者带来了大量的礼物。如东汉章帝章和元年(87),安息王佛罗格斯二世遣使者送来的礼物中,有狮子、符拔等。符拔形似麟而无角,可能是一种豹子。和帝永元十三年(101),安息王满屈又遣使送来狮子和安息雀。安息雀也叫作条支大鸟,就是鸵鸟。

魏晋南北朝时期,我国与西方各国之间的往来仍在发展。如仅在北魏文成帝兴光二年至孝明帝正光二年(455—521)的

---

① 《汉书·西域传·乌孙国》。
② 《后汉书·西域传·序》。

六十多年中，萨珊使者来北魏的就有十批，送来了狮子、驯象和其他珍贵礼物。萨珊王送来的国书中说："愿日出处常为汉中天子。波斯（萨珊）国王居和多千万敬拜。"③唐代前期，阿拉伯帝国东侵萨珊，萨珊国王遣使向唐太宗求援。唐高宗永徽二年（651），萨珊王伊嗣侯（亦作伊嗣俟，即伊斯提泽德三世）被刺杀，其子卑路斯逃到吐火罗（今阿富汗东北部），得到唐朝的支援。后到长安，唐高宗授他为右武卫将军，最后病死在长安。唐又授卑路斯之子泥涅师为左威卫将军，亦老死在中国。④自萨珊逃来的贵族、官吏和百姓很多，有的在唐朝任高官或将军。

在唐代，丝绸之路上的交通更加发达。沿途邮驿，自长安一直设到中亚。著名诗人岑参的《初过陇山途中呈宇文判官》诗曰："一驿过一驿，驿骑如星流；平明发咸阳，暮及陇山头。"又曰："十日过沙碛，终朝风不休；马走碎石中，四蹄皆血流。万里奉王事，一身无所求。"⑤读了这首诗，当年丝绸之路上军书旁午、差役如梭的情景，历历在目。

---

③ 《北史·西域列传·波斯国》。
④ 《新唐书·西域列传·波斯》。
⑤ 《全唐诗》第三函第八册。

三

丝绸之路名称的概念,所反映的是经济和文化关系,其中还包含着中国和中、西亚各国人民的友谊源远流长的意义。所谓"商胡贩客,日款于塞下"[①]一语就反映了这一关系。

在张骞通西域之前,"自宛以西至安息国……其地皆无丝漆,不知铸钱(铁)器"[②]。道路开通之后,中国的丝织品和丝通过此道而西流。从考古发掘的情况来看,在原大秦国统治的古埃及境内和萨珊王朝的西境,都发现了4世纪左右的中国丝织品,还有用中国丝和当地的技术织成的产品。这些事实证明了文献的记载是可信的。

我国的蚕种和养蚕、缫丝、丝织技术,约在5世纪时西传。不久,中、西亚各国的人民很快就掌握了这种技术,并织出了具有民族色彩的各种丝织品来。在5世纪传入我国的"波斯锦"[③]也深受我国人民的欢迎。

丝绸之路开通后不久,冶铁技术也西传了。《史记·大宛

---

① 《后汉书·西域传》。
② 《史记·大宛列传》。
③ 《南史·西域列传·滑国》。

列传》记载："及汉使亡卒降,教铸作他兵器。"这是冶铁技术西传的开始。

我国的纸和造纸技术西传,也是通过丝绸之路。从考古发掘来看,在今天的新疆境内,于二三世纪,已大量地用纸书写各种文书。至7世纪中期,我国的纸已传到撒马尔罕(今乌兹别克斯坦境内),以后又传到西亚。造纸技术的西传,约在8世纪中期。唐玄宗天宝十年(751),唐安西节度使高仙芝在怛罗斯城(今吉尔吉斯斯坦塔拉斯)被石国(今塔什干)和大食联军打败,许多士兵和随军工匠被俘,其中就有造纸工匠。造纸技术就这样传到撒马尔罕。793年,报达(今伊拉克巴格达)开始设立造纸厂,波斯湾沿岸各国和叙利亚的大马士革也相继设立了造纸厂。至12世纪中期,造纸技术又传到了欧洲。

中国西传的技术还有很多。在怛罗斯之役中被俘的杜环回国后,著《经行记》一书,记载了他在大食地区见到一些中国画匠、纺织匠、纺织机械匠、金银匠等的情况,还记载了这些工匠的家乡和姓名。[①]自中国西传的物产,还有铁器、铜器、漆器、玉器和桃、杏等水果,黄连、大黄、肉桂、土伏苓等药材,以及茶叶等。

西方通过丝绸之路传入我国的物产也很多。如汉使从中亚

---

① 《通典·边防·大食传》引。

带回的苜蓿和蒲陶（葡萄）的种子。苜蓿是极好的马饲料，汉武帝起初种苜蓿于离宫别馆附近，后又令安定、北地等西北边郡广泛种植，以饲养战马。此后，还相继传入中国许多东西，如石榴、胡桃、扁桃、波斯枣、菠菜、胡瓜、胡蒜、胡豆、胡麻等瓜果蔬菜粮食，阿月浑子、无食子、阿魏等药材，良马、骆驼、狮子、鸵鸟、驯象、犀牛、符拔等珍禽异兽及名贵的皮毛制品，以及珊瑚、琥珀、玳瑁、明珠、宝石、玻璃器等珍宝之类。

西方的有些工艺技术或其制品也传入中国。如萨珊的纹锦，是在纬线起花，花纹多为连珠套环，内饰对鸭、对鸟、对孔雀、对狮子等。这种纹锦在六七世纪大量进入中国。近年来，考古工作者在新疆的吐鲁番等地多有发现。另外还发现有饰以"莲花"、"贵"字、"同"字等的纹锦[①]，是中国人用萨珊的传统技法织成的。这样的中西合璧的饰纹在6世纪中叶至7世纪中叶，在我国各地相当流行。许多中、西亚的制品大量流入我国。1969年，考古工作者在西安市何家村（原唐兴化坊内，贵族居区）发现了一个唐代窖藏，出土文物共计一千多件，内有东罗马希拉克略金币（610—640）、萨珊库斯老二世

[①] 新疆维吾尔自治区博物馆：《吐鲁番县阿斯塔那——哈拉和卓古墓群清理简报（1966—1969）》，《文物》1972年第一期。

银币(590—627)和宝石、琥珀、密陀僧、珊瑚、水晶杯、玻璃碗、镶金玛瑙牛首杯、皮囊形银扁壶、单柄金杯等物品[①],这些都是从萨珊和阿拉伯等国运进中国的。

汉唐时期的艺术,也受到中、西亚各国的极大影响。汉代宫廷中经常演出的魔术、奇戏,多来自大秦(黎轩)。这种魔术、奇戏的花样日多,后来传到了民间。唐朝的许多音乐和舞蹈也来自中亚,如龟兹乐、竖箜篌、横笛、柘枝舞等。唐代盛行击打波罗球,有骑马打,有步行打,在皇宫中还修有专用的波罗球场。这种游戏,大约在6世纪时从波斯(萨珊)传来的。从西汉开始,石雕艺术日益发展,至唐代达到了高峰。汉代的大鸟(鸵鸟)、石狮和南北朝至唐的石窟造像及翼马、鸵鸟乃至著名的昭陵六骏等石刻,在题材和刀法方面,都受到中、西亚文化的影响。

我国的外来宗教几乎都是通过丝绸之路传入的。如佛教,创始于迦毗罗卫城(今尼泊尔王国境内),后经中亚传入我国。来我国传教的著名僧侣安世高,原为安息国太子,于东汉桓帝建和元年(147)来到洛阳。此后,安息僧侣安玄,月氏僧侣支谶、支谦、竺法护,西域僧侣佛图澄,天竺僧侣鸠摩罗

---

① 陕西省博物馆等:《西安南郊何家村发现唐代窖藏文物》,《文物》1972年第一期。

什等，相继道经丝绸之路来到中国。我国沿此路到印度去求法的著名僧人有东晋时的法显和唐朝的玄奘等。

中、西亚向我国传来的宗教还有三种：一是琐罗亚斯德教，二是摩尼教，三是景教。琐罗亚斯德教在古代流行于中、西亚，约于唐代传入中国，中国人称之为拜火教或祆教。摩尼教是3世纪时萨珊人创立的，约于唐代前期传入中国，也叫作明教。景教属于基督教的聂斯脱利派，5世纪前期，兴盛于中、西亚。唐太宗贞观九年（635），叙利亚人阿罗本由波斯来我国传教，改教名为景教，并在长安等地建寺礼拜，称"波斯寺"，后改称"大秦寺"。唐德宗建中二年（781），波斯（此时萨珊已亡）教士景净等在长安立"大秦景教流行中国碑"。景净撰写了"碑颂"，记述景教传入我国和在长安建寺度僧、宣传教义的情况。此碑现存陕西省博物馆内（西安碑林）。

沿丝绸之路东来的人群络绎不绝。《洛阳伽蓝记》卷三记载："自葱岭以西，至于大秦，百国千城，莫不欢附。商胡贩客，日奔塞下。"北魏王朝为接待或安置这些西方来客，在都城洛阳之南，建崦嵫馆和慕义里，以供居住。唐代，波斯和阿拉伯来客各有数万，不少人在中国安家落户。近数十年来，我国考古工作者在新疆、青海、陕西、山西、河南、河北、内蒙古、广东等省区，共发现了三十多批东古罗马帝国的金币和萨珊王朝的银币，计有一千多枚。其中绝大部分是西方客人经丝绸之路带来的。

……

丝绸之路从开通到唐末，共一千余年。在这一时间中，日益发展的经济、文化交流，不仅丰富了我国和西方各国的物质和精神生活，还丰富了各有关国家的语言。例如我国的葡萄、苜蓿、狮子等名词，来源于波斯语。波罗球、波斯枣、菠菜等名称，都是以这些物产的故乡（波斯）的名称命名的。在波斯语中也有不少汉语词汇，如茶、钞（票）、牌子、角抵等，波斯语的名称和汉名的读音基本相同。波斯语叫白铜（铜的合金）为"中国石"，叫磁土（高岭土）为"中国土"，叫土茯苓为"中国根"，叫肉桂为"中国木"等，这些名称也证明了这些物产来源于中国。

四

宋代，由于我国北方和中亚、西亚都有频繁的民族战争，陆路交通受到极大的阻碍和破坏，所以往来者不多。但这时的新疆，特别是吐鲁番（高昌）却成为中西文化交流的关键地区。到了13世纪初，新疆除个别地区外，都已信奉伊斯兰教。另外，辽金与西方也有交通往来。如1021年，辽下嫁可老公主给大食王子。金也曾派人前往中亚。回纥商人的足迹也到达伊朗和印度等地。后来蒙古人统治了我国和中亚、西亚、东欧，进一步促进了中西交通。因为，蒙古人在我国建立的元朝和在中亚、西亚、东欧建立的四大汗国，虽基本上是各自独立的，但他们之间，尤其是四大汗国和元朝之间，仍有较多的联系。加之，元统治者又重用色目人，注意吸收西方先进的文化技术，所以，这些统治者对于保护中西陆路交通采取了一些积极措施，沿途遍设驿站，行旅十分方便，古老的丝绸之路又活跃起来。当时有称之为波斯道和钦察道的两条横贯亚、欧的东西大道。其中波斯道，经敦煌、罗布泊、天山南路、大不里士到土耳其；钦察道，经敦煌、哈密、别失八里（今新疆吉木萨尔）、土库曼到克里木半岛。这基本上就是丝绸之路的南道和北道。

　　元朝与欧洲国家也有了正式交往。起初，蒙古西征，前锋直逼维也纳，西欧各国感到威胁，在教皇主持下召开基督教国家大会，派教士请求蒙古人停止进军，并企图说服其信奉基督教。元世祖忽必烈时，威尼斯人波罗兄弟（即马可·波罗的父亲和叔父）东来，忽必烈接见了他们，并托其带信给罗马教廷，希望派遣一百名基督教士来中国。

当时，经陆路来中国的西亚和欧洲人很多，有些人是著名的学者。他们在元朝的支持下，把西方的先进文化技术传入我国。如东罗马（拂林）人爱薛于1263年主管蒙古政府的西域星历和医药二司。后来（1270）元世祖设广惠司，仍由爱薛掌管，专制回回药剂，以供他和卫士使用。1292年，元世祖又在大都和上都设"回回药物院"，至今北京图书馆仍藏有元末《回回药方》一书。尼泊尔人阿尼哥（阿尔尼格）于1260年率八十余人来西藏造金塔，次年来大都（今北京）造两座白塔并塑铸佛像，这对我国的建筑雕塑产生了重大的影响。阿拉伯人札马剌丁也很得蒙古统治者的重用。他撰的《万年历》为元世祖批准推行。元世祖还任命他为司天监。他制造的西域仪象七种，向中国介绍了波斯天文、历算学，促进了中国天文学的发展。马可·波罗十二岁随其父亲和叔父自威尼斯经伊朗高原沿波斯道东游经商。于1266年在开平（元上都，今内蒙古多伦西北）受到忽必烈接见，并让他们携回给教皇要求派教士的信。1275年，马可·波罗随父、叔再度东来，在上都见到元世祖忽必烈，很受欢迎。后留居中国，任元朝官吏十七年，走遍了大半个中国，并被委派出使一些国家。1292年，波斯王遣使求婚，马可·波罗奉元世祖之命，护送科克清公主出嫁。他们从大都出发,自泉州沿海路经苏门达腊、印度等地,到达波斯。1295年回到家乡威尼斯,以后因参加威尼斯同热那亚之间的战争被俘入狱。《马可·波罗游记》就是他在狱中口述,由他人记录而成。这部书是今天研究元代中国历史、地理、民族、宗教的重要参考书。马可·波罗以西方人的眼光来看中国,进行中西对比,对中国的大都、杭州、泉州等许多城市,都有生动记述。此书问世后,产生很大反响,大大刺激了西方人东来的热情。大航海家哥伦布曾仔细阅读该书,从中受到鼓舞,他远航的目的本是想到中国,却意外地发现了美洲新大陆。

自陆路来的商人和商品也很多。当时的元大都是国际陆路贸易的重要城市。《马可·波罗游记》曾记大都每天运入不下千车的绸缎和其他丝织品,其中不少当是准备输往国外的。大都还有珠子市、沙剌(珊瑚)市一类专门出售外国货的市场。佛罗伦萨商人裴哥罗梯所著《通商指南》详细记载了当时中西陆路贸易的情况,对于研究中西交通与贸易很有价值。我国输出的商品仍以丝绸为主,还有大量的瓷器。输入的主要有波斯的毛毡、鞍袜、兵器、铜器、珐琅等。

随着中西交通的发展,我国的科技发明也源源西传。特别突出的是印刷技术和火药技术的西传。

我国是世界上发明印刷术最早的国家。大约发明于唐朝初期，此后有所发展。现存世界上最古的雕版印书是唐朝咸通九年（868）印制的《金刚经》，其文字与佛像的雕刻印刷均甚精美。到宋代又发明了活字印刷。印刷术的西传可能在宋朝晚期，但真正传到西亚和欧洲是在蒙古西征后才实现的。1294年，大不里士开始印刷纸币。约在1307年，拉希德在其著作中对我国雕版印刷作了精确的叙述。14世纪末，欧洲开始有雕版印刷人像和纸牌。15世纪中叶有了雕版印刷书籍，并有了活字印刷。活字印刷在欧洲的广泛流行，有力地促进了欧洲的文艺复兴。

火药是用硝石、硫黄、木炭三种原料合制而成。制硝技术在我国已有两千多年的历史。火药是在唐代初年（7世纪初）发明的。把火药使用到武器上，是在北宋初（10世纪中期）。制硝技术的西传在八九世纪，伊朗人把硝叫作"中国盐"，阿拉伯人叫作"中国雪"。用硝等制造火药的技术也是在蒙古统治时期传去的。13世纪时，中、西亚各国文献中记载的"契丹火轮""契丹火箭"等都反映了火药西传这一事实。14世纪中叶，欧洲也开始使用火炮。

明朝时期，亚欧陆路交通出现很多障碍，主要原因，是沿途不少地区被一些不断互相攻伐的游牧民族占据，战争很多，很不安全，因此，具有一千五百多年悠久历史的丝绸之路一度衰落。

五

宋元明清时期的海路交通发展极快。据文献记载，我国早在西汉时，就与皮宗（今马来半岛南端）、黄支（印度东海岸）有了海上往来。大秦（东罗马）国王安敦曾于东汉后期，派使节自海道经日南（越南中部）来我国访问，并送来象牙、犀角、玳瑁等珍贵物品。三国时期的吴国用七帆船远航大秦。唐代是我国航海事业的大发展时期。当时的主要港口如广州、泉州、杭州、扬州等地都有许多外国船只往来，称"波斯舶""大食舶"等。这些港口始设市舶司。市舶司是封建国家管理海外贸易的机构。市舶司的设立，是海外贸易已成为经常活动的一个重要标志。到了宋代，我国海上交通更加繁荣。这和我国南方社会经济的发展、造船与航海技术的进步是分不开的。

我国很早就有利用磁石以定方向的知识。如在《韩非子·有度》中有关于"司南"的记载。但文字简略，具体情况很不明确。到了宋代已有明确记载。沈括在《梦溪笔谈》

中说:"以磁石磨针锋,则锐处常指南,亦有指北者。"说明我国此时已有指南针。11世纪末朱彧在《萍洲可谈》卷二说:"舟师识地理,夜则观星,昼则观日,阴晦则观指南针。"指南针的外传,大约也在这时。当时,我国的航海技术不但已用指南针,并还懂得乘风航行,这样既快又安全。我国的造船技术也很发达。徐兢在《宣和奉使高丽图经》上说,宋朝遣使高丽所造两大神舟"巍如山岳,浮动波上,锦帆鹢首,屈服蛟螭"。其规模之雄伟可以想见。隋唐时从海道出国的高僧大多乘外国船。在宋代,我国海船逐渐取代了外国船而占了绝对优势。兴盛的海上交通主要是进行中外国际贸易。宋代我国经济的高度发达为其提供了丰富的物质基础。宋代的丝织品品种增多,染色及刺绣更加精美,瓷器已成为宋代出口商品的大宗。我国近海一带的瓷窑主要制造外销瓷器,以青瓷为主,一般为碗、盏、碟、盘等日用器皿。销路东至日本、朝鲜,南至南洋、印度各国,西至波斯、叙利亚、埃及等阿拉伯国家及东非一带。另外,我国茶的外销也开始于宋代,直到今天,茶仍在我国对外贸易中占有重要地位。铜钱这时也大量输出,在许多地区充当国际货币。在日本,从12世纪中叶直至17世纪前期,曾以我国铜钱为主要货币。我国从外国输入的商品仍以香料为主,其他传统输入物如珠宝、犀角、象牙、药材等也继续输入。《宋史·食货下八》记载：我国人以金、银、缗钱、铅锡、杂色帛、瓷器等，换取外国的"香药、犀象、珊瑚、琥珀、珠琲、镔铁、鼍皮、瑇瑁、玛瑙、车渠、水精、蕃布、乌㨶、苏木等物"。

为了管理对外贸易事务，两宋政府先后在东南沿海一带广设市舶司。市舶司虽始于唐，但却盛于宋。当时广州、杭州、明州、泉州、密州等均有设置，其主要职责是征收关税，检查外国货船，向中外商人发行船舶进出港及贸易许可证，管理蕃坊，等等。由于海外贸易发达，外贸收入在两宋的财政收入中比重越来越大。南宋绍兴末年（1162），泉州、广州两市舶司的净收入为二百万缗，约占当时南宋王朝年度财政总收入的二十分之一。

元承南宋之盛，海上贸易又有发展，其范围西到欧洲，南到南洋，东到日本。据《元史·食货志》记载，当时的主要贸易港有七处：温州、广州、杭州、泉州、庆元（宁波）、上海、澉浦，均设有市舶司。后虽时有废置归并，但庆元、广州、泉州三市舶司一直保持到元末，其中泉州是元代对外贸易的最主要港口，也是世界最大的商港之一。据记载，城中织造天鹅绒及缎，品质均极优良。港中船舶极多，大者约有一百，小者不可胜记。其中回回商人，则另成一市。元统治者采取"官自具船给本,选人入蕃贸易诸货"的政策,促进了海上贸易的发展。由于贸易兴盛,元代一些掌管航权的官吏每致巨富。

明朝与北方、西方的蒙古族诸汗国相对抗,陆路交通基本上是闭塞的,但海上交通的发展却是空前的。明初,朝廷与海外国家间交通十分频繁。航海家侯显曾五次奉命出使,其中两次到印度。永乐年间来我国"朝贡"的有四十余国之多。永乐二十一年(1423),各国使臣和商人到南京的就有一千二百余人。后来由于倭寇的侵扰加剧,明政府曾几次下令不许私人海上贸易,但由于社会经济的发展和沿海居民想通过海外贸易获取厚利的愿望驱使,冒险走私的人仍然很多。

明代的冶炼业、制瓷业、丝织业等无论在数量上还是在质量上均有高度发展,使开拓广大国际市场的需求日益迫切。当时主要的通商口岸广州、泉州、宁波均设市舶司掌管海外贸易。官方仍实行"朝贡贸易",外国或地区"入贡"时,附带方物,与中国贸易。民间贸易虽有明廷禁令,仍很发达。福建、广东沿海一带的人到南洋、日本等地去经商的越来越多。去南洋经商的地点有吕宋、美洛居、占城、真腊、暹罗、爪哇、三佛齐、满剌加、锡兰、苏门达腊、柔佛等地。中国人用瓷器、丝织品、金属制品等换取香料、药材、珠宝等。其中福建人去吕宋经商的多达数万人，往往久居不返。当时南洋一带的华侨，达几十万人。虽屡遭屠杀和压迫，去者仍有增无减。明代以前，主要是阿拉伯人来我国贸易，我国商人出海者较少。而这时，阿拉伯人海运已衰，我国商船取而代之。当时输出品主要是瓷器、丝织物、铁器、铜器等，其中瓷器深受各国人民喜爱。《瀛涯胜览·爪哇》条上说："国人最喜中国青花瓷。"许多国家的人民还用我国瓷器充当贸易媒介物。荷兰东印度公司在晚明清初的八十年间，经营我国瓷器竟达一千六百万件之多。

永乐三年至宣德八年（1405—1433），明政府派郑和率巨大的中国船队七次下"西洋"，在中外关系史和航海史上写下壮丽篇章。郑和出使的目的是为了宣扬国威，扩大政治影响，并与各国进行贸易往来，同时也许还有查访建文帝下落之意。而其中最主要是为了发展海外贸易。《明史·宦官·郑和传》记载郑和下西洋，"所取无名宝物，不可胜计，而中国耗废亦不赀"。《瀛涯胜览·祖法儿国》条载："中国宝船到彼，开读赏赐毕，王差头目遍谕国人，皆将乳香、血竭、芦荟、没药、安息香、苏合油、木鳖子之类，来换易纻丝、磁器等物。"它的最大成就是规模空前地开辟了从我国到红海及东非的航道，进一步发展了我国与亚非等许多国家人民间的相互了解与友谊。其规模、时间及航海技术上都为后来的哥伦布、麦哲伦所不能比拟。郑和每到一地，即用大量的丝织品、瓷器、铁器、铜器等换取象牙、宝石、香料、珍珠、珊瑚之类，大有利于外国人民物质文化生活的提高及我国社会经济的发展。南洋各地人民和华侨对郑和深深怀念，至今仍有一些地方以三宝为地名。如爪哇中部的三宝垄，还有不少地方有纪念郑和的三宝庙以及流传着一些关于郑和的传说。

明代的海外贸易，大体可分为两大阶段。在正德以前，和中国贸易的国家主要是南洋各地和日本、琉球等东方国家。明政府由于政治原因，先是禁止、限制这些国家对中国的贸易，后来逐渐开放，这对中国方面基本上处于主动地位，到了正德年间，特别是嘉靖以后，欧洲殖民者相继东来，向中国强求互市或勾结中国奸人走私掠夺。既然这种贸易无法禁止，加之财政需要，明政府就推行"抽分"的办法分取部分外商和中国商人的利益。隆庆年间，倭寇平息，明政府开放洋禁，海外贸易更加发展。可是，这时中国方面已渐趋被动。但总的说来，由于中国地大物博，生产发达，对外贸易长期保持出超，大批银钱流入中国，对于中国的财政和经济都有帮助，并刺激了中国货币经济的发展。《粤中见闻》卷三四说："用银始于闽粤，而闽粤很多从番舶而来。"可见中国广泛用银，确与海外贸易有关。

海上贸易的发达使中国的文化技术也迅速向外传播。明时我国文化向南洋一带传播的重要途径是通过大量华侨的迁居,他们大多是生产经验丰富的劳动人民,带去了进步的生产工具和生产技术,如铁锄、铁犁、开矿法、制糖法(用畜力或水力转动磨石压榨甘蔗)以及种植茶叶、蔬菜等方法。这对于南洋各国人民是大有益处的。明朝与朝鲜、日本等国在语言、戏剧、文学、医药学、美术等方面仍继续有着广泛的交流。

清初,为了镇压东南沿海地区汉族人民的反清斗争,实行严格的"海禁",不许下海贸易。违禁者不论官民,一律处斩,货物入官。顺治十八年(1661)颁布"迁海令",强迫东南沿海各省的居民分别内迁三十至五十公里,"片板不准下海"。这不仅造成了沿海人民的许多惨剧,也使明末开放"海禁"以来发展着的海外贸易一度中断。

康熙二十二年(1683),"海禁"放宽。二十四年在广东澳门、福建漳州、浙江宁波、江南云台山四处设立海关,作为通商口岸,但只准载重五百石以下的小船出海。随着国内社会经济的恢复和发展,清朝统治者对西洋奢侈品的贪欲更大了,加之关税逐渐成为清政府的重要收入,于是,对外贸易的限制也就放宽了。当时仅苏州一地,"每年造船出海贸易者,多至千余"①。出海商船的载重量,"大者可载万余石,小者亦数千石"。外船来的也逐渐增多,输出的多是丝绸、瓷器、茶、铁器、锡等工业品和原料,输入的多是哔叽、大小绒织金毯、花毡、金银线、紫檀、玻璃、钟表、洋酒、海味、珍宝、香料等奢侈品或半奢侈品。到了乾隆二十二年(1757),由于外商的掠夺性和违法行为,清政府又取消三个通商口岸,只许广州一地继续通商。直至鸦片战争前夕,中国对外通商口岸就只限于广州一地。

为了控制对外贸易,清政府建立了"公行制度"和"商馆制度"。公行制度是在明代废除市舶司制度之后建立的。由于清朝后来只有广州一地有通商口岸,故公行制度也就仅设于广州。公行制度改变了市舶司那种外国商人与中国政府直接交易的办法,而是与政府指定的一些商人进行贸易,其作用大致如下:①凡外商来广州贸易,不得直接与市场交易,须经公行定价并代为买卖;②外商进出口税由公行支付,但公行可以从外商的进出口货物和船只中征税;③官府的命令和外商的呈文,须经公行转递,并担保外商是否遵从通商规定。这实际上包括了商务和外交的双重任务。商馆制度就是在广州公行附近设立"商馆"(也称夷馆),作为外商在广州进行交易和居住的

---

① 《东华录》卷一九。

集中场所。当时规定外商来华贸易必须住在商馆，并受清政府所派遣的官吏管理与监督；在商馆四周还筑有围墙，使之与外界隔离；并制定了限制外商活动的章程，如禁止外商雇用汉人为差役，禁止雇人传递信息，禁止外商坐轿，禁止外国妇女进城，等等。这些规定说明清政府对西方殖民主义者是严加防范的。

六

18世纪以来，欧洲资本主义的发展日益迫切地需要新市场、原料和廉价劳动力。因而，所到之处无不进行卑劣的抢掠和种种欺骗贸易。英国资产阶级，首先是东印度公司，对于不能无限制地侵入中国市场非常不满，于是对中国的某些封建官僚、地主进行贿赂，把毒品鸦片大量输入中国，换取中国的丝、茶、绸、缎、木棉、土布、砂糖和白银。由于鸦片输入不断增多，致使白银大量外流，社会经济遭到极大破坏，人民生活也日趋恶化。英国政府又接着挑起鸦片战争，用坚船利炮打开了中国的大门。鸦片战争之后，各资本主义国家纷纷侵入中国，使中国日益沦为半殖民地半封建国家。此后，中外经济文化的"交流"虽有更大的发展，但其侵略与被侵略、压迫与被压迫的性质也日益严重。

从新加坡妈祖庙谈到妈祖信仰源流

1986年10月,我与许大龄教授应邀访问了新加坡。在热情好客的主人的陪同下,我们参观游览了这个国家的许多名胜古迹,其中的绝大部分属于中国文化。当时,我最感兴趣的是妈祖庙。主要原因有两个:一是因为我家居住在黄海之滨,与一座规模很大的妈祖庙为邻,我自幼年到青年时期,从生活到思想,都与妈祖这一女海神有极深的关系;二是这里的妈祖庙修建得极好,妈祖的塑像端庄秀丽,所见前来礼拜的华人,都有"食德思根"[1]"去国怀乡"[2]的感情流露。这些情况使我这本来澄淳宁静的心田顿时掀起了不能自已的浪潮。

---

[1] 清道光三十年(1850)在新加坡修建天福宫碑。天福宫在直落亚逸街(Telok Ayer Street),华人俗称为源顺街。

[2] 范仲淹:《岳阳楼记》。

妈祖是一位出现在中国北宋前期的神灵，被奉为护航女神，自北宋至清末，曾受封建皇帝封赠三十余次，其爵位由受封夫人而进封妃，而天妃（圣妃），而天后（称天后圣母），位极百神。关于妈祖的称号，官府基本上称封号，民间亦广泛地使用俗称，因地而异，如称海姑、圣母、娘娘、海神娘娘、阿妈、妈祖、妈祖婆等。清代学者赵翼曰："吾乡陆广霖进士云：台湾往来，（天后）神迹尤著，土人呼神为妈祖。倘遇风浪危急，呼妈祖，则神披发而来，其效立应。若呼天妃，则神必冠帔而至，恐稽时刻。妈祖云者，盖闽人在母家之称也。"① 沈桂生说："妈祖，闽语即祖母的意思。"② 中国台湾神学院董芳苑博士说："妈祖一词是信仰民众对她的昵称。湄洲人共呼之曰'姑婆'，闽人则称为'娘妈'。后来由于称呼习惯改变，而演变成妈祖。"③ 中国台湾地区民俗学家沈平山说："（妈祖）有的因挂祖居地名，而有湄洲妈、温陵妈、银同妈、东安妈、潮洲妈之别，另外以分神序列有大

---

① 赵翼：《陔余丛考》卷三十五《天妃》。赵翼，阳湖（今江苏常熟）人，乾隆二十六年（1761年）进士。
② 沈桂生：《从海神庙看泉台关系》，见肖一平等编《妈祖研究资料汇编》第128页。
③ 董芳苑：《台湾民间宗教信仰》，中国台北市长青文化事业股份有限公司1984年增订版，第343页。

妈、二妈……之分。"①

今天的妈祖,已不仅是中国的一尊女神了,近数百年来,随着海运的发展和大量华侨走向海外,在东南亚、日本、朝鲜和欧美的许多国家,传播了妈祖信仰,妈祖庙或神龛也几乎遍布于每个华人集中的商埠或港口。妈祖已是海内外广大华人群众平安幸福的精神依托,也是华夏文化的象征。各地人们对妈祖的顶礼膜拜,是炎黄子孙"食德思根"感情的自然表现。

一、新加坡妈祖庙巡礼

新加坡之有妈祖庙自然是和这里集中了较多的华人分不开。今天新加坡总人口二百六十万,华人占百分之七十六。其中的绝大部分华人对妈祖怀有不同程度的信仰。当然这里的妈祖庙的修建不是自今日始。这里何时成为华人的聚居区,何时出现华人庙宇,何时出现妈祖庙,这些都是研究今天这里的妈祖庙首先遇到的问题。

---

① 沈平山:《中国神明概论》,中国台湾台北市新文丰出版公司1979年版,第180页。湄洲,今福建莆田湄洲岛。温陵,晋江、泉州之别称。银同,今同安。东安,今南安东之丰州。潮州,今广东潮安。

中国人到达南洋,不会迟于西汉时期,我所说的南洋主要是指今新加坡及其附近地区。西汉中期,中国已与今印度南部和斯里兰卡有交通往来,其重要必经之口岸为皮宗[①],即在今新加坡附近。东汉顺帝永建六年(131),叶调国(今爪哇岛或苏门达腊岛)王遣使师会赠送方物,汉封师会为汉归义叶调邑君,又赐国王金印紫绶。[②]这时中国人是否有移住南洋的,很难估计。即使有,为数也极少。中国人移住南洋较多的,大约始于唐朝。这也是中国人在海外称为唐人的主要原因。宋朱彧《萍洲可谈》卷二:"汉威令行于西北,故西北呼中国为汉。唐威令行于东南,故蛮夷呼中国为唐。"元汪大渊《岛夷志略》[③]记述南洋各岛(国)事时,称中国人为"中国人""中原人""汉人",但以称"唐人"为最多。该书吴鉴"序":自元初讨定爪哇之后,"唐人之商贩者,外番率待以命使臣之礼"[④]。《明史》卷三二四《真腊传》:"唐人

---

① 《汉书·地理志》(下):"平帝元始(1—5年)中,王莽辅政,欲耀威德,厚遗黄支(今印度东南部)王,令遣使献生犀牛。自黄支船行可八月,到皮宗。船行可八月,到日南象林界(今越南中部东海岸)云。"
② 《后汉书·顺帝纪》注引《东观汉记》。
③ 《岛夷志略》之《渤泥》《勾栏山》《沙里八舟》等篇称"唐人"。《文老古》称"中国船"为"唐船"。
④ 吴鉴序于元"至正己丑冬十又二月望日"。"至正己丑"为元顺帝至正九年(1349)。

者,诸番呼华人之称也,凡海外诸国尽然。"不仅"诸番"呼华人为"唐人",华人也自称"唐人"。至今,包括新加坡在内的南洋华人仍自称"唐人",称中国为"唐山"。

新加坡岛上有华人居住,不会迟于元朝。《岛夷志略·龙牙门》:"门以单马锡番两山相交若龙牙,门中有水道以间之。……男女兼中国人居之。"单马锡(Tumasik)意为"海之国",是古代新加坡的名称。这时附近岛屿,如勾栏山(今加里曼丹岛西南之格蓝岛)等处,"唐人与番人丛杂而居之"。可见此时南洋的不少岛屿,都是这样。

宋、元时期,南洋诸岛有无华人庙宇呢?文献缺少记载。至明朝初年,这里不仅有众多的华人,而且也有华人的庙宇。如郑和七下西洋,遍访南洋诸岛,多次进出龙牙门。据随行人员马欢、巩珍、费信记载,这里的许多岛屿上都有来自广东、福建的移民,动辄一千余家,自建村落,自有头领。而且"多有从回回教门受戒持斋者"[①]。此时的中国,尤其是福建、广东沿海一带,对海神妈祖的信奉已极盛行;可是这时似还未将妈祖信仰传到南洋。单马锡于1160年改称信诃补罗(Singapura,或译作新加坡拉),意为"狮城";后来演变为新加坡。由于岛小

---

① 马欢:《瀛涯胜览·爪哇国》,巩珍:《西洋番国志·爪哇国》略同。

人少，屡遭外来侵凌。1391年，被北方的暹罗国夷为平地。

近代新加坡的开发始于19世纪初年，当时新加坡属于廖内·柔佛王国。岛上的居民不多，除少数统治者外，还有一些马来人和华人。1819年1月29日，英国殖民者莱佛士初到新加坡时，岛上还是一片荒凉，只有在新加坡河近处的平原上有一小片岛上统治者天猛公阿卜杜尔·拉赫曼的住宅。另有一处渔村，住着约有一百五十名以捕鱼为主的马来海民（Orang Caut，亦译作"海滨人"），附近还有约四十名华人单身汉，主要在甘蜜园中从事雇佣劳动。这些华人主要来自泉州、漳州一带。他们远离家乡，漂洋过海，为了活命，为了在远洋中不为风浪所吞噬，多怀揣妈祖神像，在海洋中听天由命。来到岛上之后，即将妈祖供奉起来。于是岛上出现了第一批简单的小型妈祖庙或祭坛。

莱佛士来新加坡后不久，新加坡就变为英国的殖民地，并开为商埠。华人迅速增加，主要居于直落亚逸街，及牛车水一带。1824年，岛上总人口为一万一千人，其中华人为三千三百人；1836年，岛上总人口约近三万人，其中华人为一万五千人；1860年，岛上总人口超过八万人，其中华人超过四万人，占一半以上。由于岛上经济发展，人口增多，各种会堂寺庙相继建立。如亚美尼亚礼拜堂、圣安德鲁礼拜堂、犹太教会堂（新那谷）等，都建于19世纪40年代。①华人也在这时建成岛上第一座大型妈祖庙——天福宫。

天福宫是于1839—1842年建成的，地点就在直落亚逸街。倡导修此庙的是福建侨商陈金声、陈笃生两先生，出资也最多，岛上华人多出资支持。庙宇设计出于中国建筑师之手，一切砖瓦木料均购自国内，所有建筑、雕塑、油漆工匠也都是从中国大陆聘请或招募而来。清道光三十年（1850），庙内建有"修庙碑"，文曰："新加坡天福宫宗祀圣母神像，我唐人所建也。自嘉庆廿三年（1818），英吏斯临，新辟是地……我唐人由内地航海而来，经商兹土，惟愿圣母慈航，利涉大川，得于安居乐业，物阜民康，皆神庥之保护也。我唐人食德思根，公议于新加坡以南直隶亚箕（直落亚逸）之地，创造天福宫，背戍面辰，为崇祀圣母庙宇……于道光廿年（1840年）告成。宫殿巍峨，蔚为壮观，即以中殿祀圣母神像，特表尊崇。于殿之东堂祀关圣帝君，于殿之西堂祀保生大帝，复于殿之后寝堂祀观音大士，并为我唐人会议之所也。"此庙于1888年增建庙前宝塔，1906年增建一道山门，1976—1979年，又全面修葺，使天福宫恢复了一百年前初建时那种庄严肃穆、金碧辉煌

---

① ［英］哈·弗·皮尔逊：《新加坡通俗史》，福建师范大学外语系译本，福建人民出版社1974年版，第33页。

的气概。中殿（大殿）为全庙的主体建筑，殿前两根盘龙石柱为镂空透雕，龙似远离柱体，势欲腾飞。①此造型与刀法是典型的闽式，今之山东烟台的天后宫和台湾的一些妈祖庙，其石柱也如此。

此庙的匾额作"天后圣母"，大殿暖阁之帷幔上亦书"天后圣母"；但其暖阁前的巨型宫灯上则饰有"天上圣母"四个剪纸大红字。传说"天上圣母"为清康熙十九年的封号，或谓道光十九年封，但都查无实据。康熙二十三年又加封妈祖为"天后"，此后多称"天后圣母"，因之"天上圣母"一称在大陆上用者不多。天津的天后宫今仍藏有一铜印，文曰"天津天后宫天上圣母之宝印"，此为稀世之宝。在中国台湾，用"天上圣母"一称的极普遍。新加坡近年用此称号，当是受到台湾习俗的影响。

有人问，此庙为什么不用通常所用的"天妃宫""天后宫"这样的名称，而称"天福宫"呢？这倒是个问题。不过有一点是可以肯定的，即自清康熙之后，妈祖庙较多地称"天后宫"或继续称"天妃宫"。但用其他异称的也很多。如莆田湄洲岛有朝天阁，厦门有福海宫、龙泉宫、平台宫，江苏太仓有灵慈宫，庙岛上的天后宫原名灵祥庙。中国台湾苗栗竹南镇有慈裕宫，嘉义北港有朝天宫，台中大甲镇有镇澜宫，屏东东港

---

① 新加坡协调委员会：《古色新采》第120页《天福宫》。

镇有东隆宫。我的故乡山东日照涛雒镇的妈祖庙的匾额为"天后行宫",但远近群众普遍称之为"天福宫",[①]与新加坡的上述妈祖庙的名称相同。上述妈祖庙的异号之使用,一定有其原因。如清朝政府相信清兵渡海平定中国台湾朱一贵的起义是得到妈祖之助,因此为妈祖在厦门修"平台宫"。台中大甲镇的居民为祈求妈祖护航安济,海不扬波,因此为妈祖修镇澜宫。关于使用"天福"一称,我认为可能有两个主要原因。一、"天福"为吉祥词,有"天赐福佑"之意。《汉书·宣帝纪》:神爵二年(前60)诏曰:"朕之不德,屡获天福。"妈祖庙额,亦多有"福惠""福佑""福主"等词。因此用"天福"称妈祖庙是可能的。二、"天福"是"天妃"的音转字。妈祖封"天妃",始于元至元十八年(1281)。至清康熙二十三年(1684)进封"天后",其间有四百余年称"天妃"。在封天后后,不少地方相沿旧称,仍称天妃。久而久之,将"天妃"讹为"天福"是完全可能的。

在新加坡还有另一种形式的妈祖庙,是虎豹别墅(Haw Par Villa)中的妈祖神龛。这个神龛很大,是只有妈祖一尊神的小

---

① 日照市史志办公室编:《日照今古》1986年第1、2期合刊第57页。《城建志·日照乡村古建筑选介》谓此庙"修建于明朝"。据我所知,为山西商人张氏于清康熙时所建,其文书原存涛雒镇水门里张传升家。

庙。妈祖神龛在别墅山巅的正中，坐北向南，妈祖端坐其中。神像高约两米，头戴冕旒，身着红锦袍，腰系玉带，是一尊后妃之像。额作"天后圣母"。旁有对联，文曰：

水德配天，海国慈帆并济；
母仪称后，桑榆俎豆重光。

另有《妈祖史略》一则，书写工整，亦陈列在龛中。文曰："妈祖生于福建蒲（莆）田县，父林愿。排行第六，乳名穆（默）娘，又名玉姣。始生时，满室五彩祥光，异香四溢。及长，能乘席渡海，驾云巡视海屿之间。升化后，尝（常）见服珠衣，飞翻于海洋之间（上）。宋、元时，累显灵迹于海洋间（上）。清康熙时，受封为天妃（后）。及后，又加封为天后圣母。航海遇难之时，求之无不应验，实为航海界之救主娘亦（也）。每年农历三月廿三为主娘宝诞，民间乃追念不忘，足见其功德浩大！"此文的基本内容为通行之说。其中亦有错讹之处，我加括号注明。

新加坡在上述妈祖庙（神龛）之外，还有许多大大小小的妈祖庙或妈祖神龛，其中比较著名的有归琼州会馆和宁阳会馆管理的天后宫等。

二、妈祖信仰溯源及受封经过

妈祖信仰主要是海神崇拜,是中国的航海事业发展到一定时期的产物。我国的商周时期,远洋航运事业没有产生,对海洋缺少认识。后来虽已产生了海神这一概念,但在人们的思想认识上是很模糊的。如《山海经》所记东海、南海、北海诸神"人面鸟身",或"珥两黄蛇,践两黄蛇";或"珥两青蛇,践两赤蛇",①说明了这时人们所想象的海神还是海鸟、鱼蛇之类。战国中期以后,社会经济有较大的发展,航海事业亦有发展,对海神的崇拜也产生了。《史记·封禅书》:秦之国都"雍有日、月、参辰、南北斗……风伯、雨师、四海九臣……百有余庙"。这时海神为谁,其说不一。一般认为"南海之神曰祝融,东海之神曰勾芒,北海之神曰玄冥,西海之神曰蓐收"②。隋朝为海神立祠。文帝开皇十四年(594)闰十月,诏"东海于会稽县界,南海于南海镇南,并近海立祠"③。唐初,用隋制,中祀有祭海神之礼乐。④天宝十年(751)正

---

① 《山海经·海外北经》《大荒东经》《大荒南经》《大荒北经》。
② 《太平御览》卷八八二《神鬼部二》引《太公金匮》。
③ 《隋书·礼仪志二》。
④ 见《新唐书·礼乐志一》。

月,"以东海为广德王,南海为广利王,西海为广润王,北海为广泽王"①。此时,中国的远洋航运事业有很大发展,主要口岸在南海之滨。"南海神次最贵,在北、东、西三神,河伯之上,号为祝融"。由广州刺史于每年立夏日致祀,"事讫驿闻"②。

北宋时,我们的祖先已发明指南针,并用于海上导航,促进我国的远洋航运业进一步发展,福建、广东沿海的许多港口成为中外船只的重要停泊地,以海为生的人越来越多,海神信仰也随之大发展。除了上述传统的海神仍受奉祀之外,在民间不断有新的海神产生。妈祖这一新海神就产生于民间。

妈祖大约实有其人,由于她在世时不是重要人物,出生的时间未被记录下来。所有资料都为后人所记,因此歧异很大。主要有五说:一为唐天宝元年(742)说③,二为五代后晋天福八年(943)说④,三为北宋建隆元年(960)说,四为太平兴国四年(979)说⑤,五为元祐八年(1093)说⑥。当然还有其他说法。关于羽化时间,也有数说。有北宋雍熙四年(987)、景德三年(1006),南宋绍兴十五年(1145)等说,具体月日也有

---

① 《通典》卷四六《吉礼》五《山川》。
② 韩愈:《南海神庙碑》,见《全唐文》卷五六一。
③ 《三教源流搜神大全》卷四。
④ 赵翼:《陔余丛考》卷三五《天妃》引张燮《东西洋考》。
⑤ 《莆田县志》,《古今图书集成·神异典》卷二八引。
⑥ 《魏叔子文集》卷十六《扬州天妃宫碑记》。

分歧。今天要确切指明妈祖的生卒年月日是不可能的。已为多数人采用的时间，为生于北宋建隆元年三月二十三日，羽化于雍熙四年九月九日，享年二十八岁。①

关于妈祖的身世，有人说她是宦家小姐，其父林愿曾任地方上的"都巡检"。也有人说她是一位民家女子。南宋人黄岩孙《仙溪志》："顺济庙，本湄洲林氏女，为巫，能知人祸福，殁而祠之。"古代的巫，为能以歌舞降神之人。有男有女。据文献记载，自隋朝以来，海运大开，为海神立祠之事日隆。主要海神庙都由皇帝遣使或由地方官吏致祀。祭祀时，由巫降神。平时管理海神庙亦由巫主之。《隋书·礼仪志》（二）："东海于会稽县界，南海于南海镇南，并近海立祠；及四渎、吴山，并取侧近巫一人，主知洒扫，并命多莳松柏。"此巫对海神庙来说，是既主降海神，又主管海神庙事的专职人员。唐宋时期，仍以巫降神。如五代时刘蜕所写《悯祷辞》②，即记述地方官吏役使女巫用歌舞以降神的情况。宋代也用巫主降神。朱彧《萍洲可谈》卷三："江南俗事神，其巫不一。有号香神者，祠星辰，不用荤。有号司徒神者、仙帝神者，用牲皆以酒为酹。名称甚多……又以傀儡戏乐神，用禳

---

① 林清标：《天后圣母圣迹图志全集》卷一《圣母本传》。
② 《文苑英华》卷三五八《杂文》。

官事，呼为弄戏。"这些记载都说明了当时的巫及其降神的情况。妈祖家居湄洲屿上，为海神庙之巫当是可信的。既主降海神，又主海神庙事，这样的人在以海为生的渔民、船民眼中，当然和神仙差不多。因此她的"能言人祸福"之名就很快传开。在她死后，人们并不认为她真正死去，而相信她已羽化升天。哀悼她只是一面；更重要的，是祈求她以神仙的威力继续护佑众生。从此，妈祖就真的成为神人了。南宋偏安江南，东南沿海的远洋航运更加重要，也日益发展，有关海神的信仰在迅速传播。妈祖作为海神而著录于文献，也自此时开始。

洪迈是最早记载妈祖事迹的学者之一。他是绍兴十五年（1145）进士。所著《夷坚支志》景卷九《林夫人庙》曰："兴化军（治今莆田）境内地名海口，旧有林夫人庙，莫知何年所立，室宇不甚广大，而灵异素著。"又记此庙扩建，"为屋数百间，殿堂宏伟，楼阁崇丽，今甲于闽中云"。旧庙当修于北宋，新庙修于南宋初年。其戊卷一《浮曦妃祠》，主要记妈祖显灵护航并"进为妃"事。廖鹏飞是绍兴二十年（1150）进士，稍晚于洪迈。所撰《圣墩祖庙重建顺济庙记》首载妈祖在北宋宣和五年（1123）护佑给事中路允迪东渡大海出使高丽事并因此功而荣赐庙额曰"顺济"，还列为官祀。稍后，丁伯桂在《艮山门顺济圣妃庙记》①中亦载其事。此后，这一事迹辗转传播，影响日大。妈祖很快就成为上自皇帝，下至各级官僚和人民群众，为全国各阶层所公认的女海神了。

有人说宋徽宗赐妈祖庙额是妈祖首次受封。此说不确。"赐"亦作"锡"，为给予意。《公羊传》庄公元年（前693）曰："锡者何？赐也。"宋徽宗此时只赐予妈祖以庙额，未封爵位。宋朝制度，自神宗熙宁（1068—1077）开始，"诸神祠无爵号者，赐庙额。已赐额者，加封爵"②。此次妈祖受赐庙额，即属前者。中国古代的传统观念："飨其德，必报其功。"③宋朝廷使臣既受妈祖护航救命之德，由皇帝报之以庙额是合情合理的。赐庙额为什么用"顺济"两字呢？这也是有根据的。当时，平安地远渡重洋的吉祥语是"安济""顺济"，朝廷派往海外国家出使的船只称"神舟"。如宋神宗元丰元年（1078），朝廷在明州（今浙江宁波市南）造两舰，"一曰凌虚致远安济，次曰灵飞顺济，皆名为神舟"④。供假左谏议大夫安焘、假起居舍人陈睦出使高丽之用。路允迪之得妈祖显灵护佑，平安归国，文献多谓"遂获安

---

① 潜说友：《咸淳临安志》卷七三《外郡行祠》。
② 《宋史·礼八·诸祠庙》引太常博士王古语。
③ 《史记·封禅书》。
④ 《宋史·外国列传三·高丽传》。

济",宋徽宗因此而赐妈祖庙额曰"顺济"是理所当然的。

明、清时期的不少文献记载,宋徽宗时,妈祖已称"顺济夫人"或"灵应夫人""灵惠夫人"等,都不确。因"顺济"非"夫人"之封号,二、三两称都是后世的名号。宋徽宗时,妈祖尚无封爵,而多称之为神女、龙女,在宋徽宗赐庙额时,亦称之为"南海神女"。南宋直到元初,皇帝的诏诰还称之为"南海神女"或"泉州神女"。①妈祖首次受封为"夫人"是在南宋高宗绍兴二十六年(1156),爵号为"灵惠夫人"。又四年(绍兴三十年,1160),封"灵惠昭应夫人"。又七年(乾道三年,1167),封"灵惠昭应崇福夫人"。又十七年(淳熙十一年,1184),封"灵惠昭应崇福善利夫人"。又八年(绍熙三年,1192),进封"灵惠妃"。又六年(庆元四年,1198),封"灵惠助顺妃"。上述对妈祖的加封,是严格遵循了熙宁时规定的制度,即"妇人之神封夫人,再封妃。其封号者初二字,再加四字。如此,则锡命驭神,恩礼有序"②。此后直至南宋末年,又连封八次,也都是遵循这一制度。赵翼说:妈祖始封在"绍兴乙卯(五年,1135),……

---

① 见丁伯桂:《艮山门顺济圣妃庙记》,及《元史·世祖本纪》《元史·祭祀志五·名山大川忠臣义士之祠》。"灵惠夫人"及"灵"为南宋高宗绍兴二十六年(1156)始封之号及所赐庙额。
② 《宋史·礼八·诸祠庙》引太常博士王古语。

封'昭应崇福'。乾道乙丑（五年，1169），加封'善利'。淳熙间，加封'灵惠'"[1]。不知何所据，似与宋朝的制度及史实均不合。

妈祖自南宋绍兴二十六年（1156）始封，至清同治十一年（1872）最后一次受封，在七百多年间，共受封、加封、进封三十四次，宋代封十四次，元代封五次，明代封四次，清代封十一次。各代加封、进封，基本上都遵循了北宋熙宁时所规定的制度；当然由于朝代更换，情况有变化，此制度亦有发展。爵位由夫人、妃，增加到天妃（圣妃）、天后。尊号字数也大增，已不是几个字、十几个字。如康熙二十三年（1684）封天后时，为六字。至咸丰（1851—1861）时，已增至六十四字了。至同治十一年再封时，清廷礼部核议，以为封号字数过多，反而不足以昭郑重，决定只加"嘉佑"二字。这样，其封号也达六十六字了。民国十八年（1929），南京国民政府内政部曾令各省保存有关妈祖的庙宇，改此类庙宇称"林孝女祠"。民间仍沿用旧称。

---

[1] 赵翼：《陔余丛考》卷三五《天妃》。《天后圣母圣迹图志全集》卷二《天后传》作"绍兴己卯"，为绍兴二十九年（1159）。

三、妈祖建庙的缘起与发展

为妈祖修庙,大约始于妈祖去世后不久,初为本地群众修建的小庙。廖鹏飞《圣墩祖庙重建顺济庙记》说:"世传通灵神女也,姓林氏,湄洲屿人。初以巫祝为事,能预知人祸福。既殁,众为立庙于本屿。"①《庙记》还说了一段神话:"元祐丙寅岁,墩上常有光气夜现,乡人莫知为何祥。有渔者就视,乃枯槎,置其家,异日自还故处。当夕,遍梦墩傍之民曰:'我湄洲神女,其枯槎实所凭,宜馆我于墩上。'父老异之,因为立庙,号曰'圣墩'。"丁伯桂《艮山门顺济圣妃庙记》②亦沿袭此说。"圣墩"亦称"圣堆",是莆田湄洲屿群众为妈祖修建的最早的庙宇,称为"祖庙"。此年为北宋哲宗元祐元年(1086),此时上距妈祖去世时(雍熙四年,987)已九十九年。在莆田境内早于湄洲庙的,要算湄洲屿北面隔湾相对的平海了,这里也搭起只有数椽的"灵女庙",始建于北宋咸平二年(999),上距妈祖去世时仅有十二年。与莆田比邻

---

① 此《庙记》见《莆田陇西李氏族谱》忠部。李玉昆:《妈祖信仰的形成和发展》(《世界宗教研究》1988年第3期)引用,为肖一平先生提供。

② 见《咸淳临安志》卷七三《外郡行祠》。

的仙游之锦屏山下也有一座较早的妈祖庙,名枫亭庙,有房数楹,始建于北宋元符(1098—1100)之初,上距妈祖去世时有一百一十多年。从上述情况来看,在北宋中后期,妈祖信仰在福建地区已经形成,而且在大建庙宇。前引洪迈所说,兴化军海口地方的林夫人小庙扩建为"屋数百间,殿堂宏伟,楼阁崇丽,今甲于闽中",即可看出此发展的势头。

从南宋建立开始,妈祖信仰更加发展,这一情况与国家偏安江南、依重南海有关系。如光宗于绍熙三年(1192)加封妈祖为"灵惠妃"诏书曰:"古今崇祀岳渎,怀柔百神,礼所不废。至于有功国家,有裨民社者,报当异数。灵慈福利夫人林氏灵明丕著,惠泽宣敷,累有御灾捍患之勋,今见救旱恤民之德。参赞既弘,爵宠应尊。兹特进封为灵惠妃,秩视海岳之崇,典叙春秋之重。尚其服兹,徽命以懋,鸿庥于勿替。钦哉!"①皇帝、朝廷这样尊崇妈祖,对妈祖信仰的传播和妈祖寺庙的修建起了巨大的推动作用。

南宋前期,福建沿海各县大建妈祖庙。以莆田为例,除湄洲岛、平海等处在大建、扩建妈祖庙外,如江口神女祠建于绍兴二十七年(1157),白湖顺济神祠建于绍兴二十九年(1159),还有莆禧、南箕、清浦等近十处妈祖庙,亦建

---

① 林清标:《天后圣母圣迹图志全集》卷一《历朝致祭诏诰祭文》。

于南宋。福建其他地区也在大建妈祖庙。如今泉州南门的妈祖庙建于南宋庆元二年（1196），福州、长乐等地的妈祖庙亦建于南宋。广东沿海在南宋时也大建妈祖庙。广州城南的崇福庙，南海的圣妃庙，东苑的天妃庙等，都是此时修建的。浙江在南宋时为京师所在地，也很重视对妈祖庙的修建。如杭州艮山门外的顺济圣妃庙及另外的两个别祠，宁波的灵慈庙、天妃宫，永嘉的顺济祠，瑞安的天妃祠，平阳的圣妃庙，台州的天妃宫等，都建于南宋末或宋元之际。丁伯桂说："（妈祖）神之祠不独盛于莆，闽、广、江、浙、淮甸皆祠也。"①

这里有一个比较奇特的现象是山东的妈祖庙修建得比较早，早到北宋的后期。其中一为蓬莱阁的天后宫，二为庙岛的天后宫。蓬莱阁始建于北宋嘉祐元年（1056），修建者为郡守朱处约。据说其中的天后宫是宋徽宗宣和年间奉敕建造的。原名灵祥庙，清道光十六年（1836）毁于火。道光十七年，知府英文重建。庙坐北向南，计四十八间，前面有一戏楼，与天后宫相对向，三面开放，为当时渔民、船工还愿演戏祭神的地方。前殿有门神两尊，正殿（大殿）正中为妈祖神像，高约两米。两侧有侍者四尊，后为妈祖寝宫。庙岛原名沙门岛，为列

---

① 丁伯桂：《艮山门顺济圣妃庙记》。

岛之一，周围水深浪小，自古为船只停泊之地。岛上凤凰山东坡有天后宫一座，据说在宋徽宗宣和四年（1122），福建商民、船主集资兴建。原名灵显宫，明崇祯元年（1628），左都督杨国栋奉旨扩修。建筑格局与蓬莱阁之天后宫类似，坐北向南，有外、前、中、后四院，占地九十亩。外院有戏楼一座，前院有山门、钟鼓二楼，中院有前殿、大殿及东西两厢房。大殿为全庙的主要建筑，正中有暖阁，为妈祖铜像所居。此铜像高两米余，慈祥肃穆，为北宋所铸造，旁有一铜长方穿衣镜，高两米，宽八十厘米，亦为宋时制品。其他塑像多为宋、元作品。①

元朝统治时期，对于妈祖更加崇拜。主要原因，是元朝建都于大都（今北京），需要从海路将南粮北运，以支援大都，就是所谓"漕运"。妈祖正是平安漕运的保护神。如元文宗在天历二年（1329）八月祭直沽（今天津）的天妃宫的祭文曰："国家以漕运为重事，海漕以神力为司命。"②由此可见，元朝统治者对于妈祖多么重视。元朝统一中国不久，世祖忽必烈于至元十八年（1281）就进封妈祖为"天妃"，遣正

---

① 中共山东省长岛县委宣传部：《长岛风物》第29~32页，又光绪《增修登州府志》卷十一《庙坛》，此两庙修建时间似应晚些。
② 林清标：《天后圣母圣迹图志全集》卷一《历朝致祭诏诰祭文》。

奉大夫宣慰使左副都元帅兼福建道市舶提举蒲师文至莆田行封致祭。①此后，英宗至治元年（1321）五月，"海漕粮至直沽，遣使祀海神天妃"。至治三年二月，"海漕粮至直沽，遣使祀海神天妃"②。所以《元史·祭祀志》（五）曰："惟南海女神灵惠夫人，至元（1264—1294）中，以护海运有奇应，加封'天妃'神号积至十字，庙曰'灵慈'。直沽、平江（今江苏苏州）、周泾、泉、福、兴化等处皆有庙。"直沽的天妃宫修建于泰定三年（1326）③，时直沽已于延祐三年（1316）改称海津镇。平江的天妃宫修建于泰定四年（1327）。山东宁海（今牟平）的天后宫始建于至元四年（1338年）。元朝官府还在福建、广东等许多地方重修或新建了一些妈祖庙。直沽的天妃宫今称天津天后宫，建筑格局与蓬莱阁天后宫、庙岛天后宫很相似。亦分外、前、中、后四院，外院有戏楼一座，前院有山门、钟鼓二楼和前殿，中院有大殿，为妈祖所居，后院有后殿，内有南宋时留下的雕刻贴金楠木妈祖像；还有藏经楼，左右为厢房。

元朝对妈祖的祭祀也很重视。如文宗天历二年（1329）八

---

① 林清标：《天后圣母圣迹图志全集》卷一《历朝致祭诏诰祭文》。《元史·世祖本纪》系于至元十五年之下，误。

② 《元史·英宗本纪》。

③ 《元史·泰定帝本纪》。

月己丑朔日祭直沽庙，十六日甲辰祭淮安庙，癸丑祭平江庙，乙卯祭昆山庙，丁巳祭露漕庙，甲子祭杭州庙，丁卯祭越庙，壬申祭庆元庙，己丑祭台州庙，甲午祭永嘉庙，辛丑祭延平庙，己巳祭闽宫，丁未祭莆田白湖庙，戊申祭湄洲庙，癸丑祭泉州庙。都是以皇帝的名义祭庙。①

明太祖建国以后，即遣官褒封妈祖为"圣妃"。永乐时期，由于钦差太监郑和屡下西洋，又在东南沿海重要口岸修建或重修妈祖庙。仅见于《郑和航海图》②的，就有五座。一在南京龙江关，二在江苏江阴县东，三在太仓东，四在福建长乐县，五在莆田县的湄洲屿上。南京龙江关之天妃宫，始建于明永乐五年（1407），是郑和首次下西洋归国后奏请修建的。"每岁以正月十五日、三月二十三日，遣南京太常寺官祭。"③永乐七年（1409），赐庙额"弘仁普济天妃之宫"。永乐十四年，御制"弘仁普济天妃宫之碑"，计六百九十九字，矗立庙中。④太仓东天妃宫建于元代。郑和于永乐三年自此出海。宣德六年（1431），他在这里立《通番事迹记》，概

---

① 林清标：《天后圣母圣迹图志全集》卷一《历朝致祭诏诰祭文》。
② 茅元仪：《武备志》卷二四〇。图的原名为《自宝船厂开船从龙江关出水直抵外国诸番图》，简称《郑和航海图》。
③ 《古今图书集成·神异典》卷二八引《明会典》。
④ 今庙已毁，碑尚存兴中门建宁路。

述他七次出使西洋的情况。①福建长乐南山天妃宫亦为郑和所建，亦时在宣德六年。内立《长乐南山寺天妃之神灵应记》碑，内容与《通番事迹记》基本相同。②郑和下西洋在明朝前期是重大政治事件，在海洋上"护佑"郑和等的宝船平安往返的妈祖，其功劳卓著。因此她得以进封"天妃"，并获"京师有祠"岁时官祭的殊荣。郑和说："神之灵固尝著于昔时，而盛显于当代。"③妈祖庙在明代，有很大的发展。

清朝在康熙二十二年（1683）统一中国台湾，也在这时，朝廷所遣至琉球国的册使亦平安归来，有关将军、官吏都说妈祖曾显灵"护佑"，并奏请加封。于是康熙帝进封妈祖为"天后"，使这位女神的爵位极于群神。福建和台、澎等地都奉敕新建或扩建妈祖庙。妈祖庙开始称"天后宫"或"天后行宫"。国内沿海各地的港口、商埠，亦大修妈祖庙。雍正四年（1726），御书"神昭海表"匾额。雍正十一年（1733），定制直省地方官春秋致祭。乾隆帝为妈祖三加封号为"福佑群生""诚感咸孚""显神赞顺"，于是敬妈祖之风更盛。

---

① 此碑全称《娄东刘家港天妃宫石刻通番事迹记》，原石佚，文见钱谷：《吴都文粹续集》卷二八《道观》，亦见向达：《西洋番国志》校注本附录二之四。
② 《灵应记》原石存福建长乐县。转引自向达：《西洋番国志》校注本附录二之五。
③ 《长乐南山寺天妃之神灵应记》。

此后，历代皇帝御书或官僚敬献的匾额有"深功济远""海门慈筏""寰海镜清""护国庇民""万邦圣母""与天同功""允王惟后"[①]"风调雨顺""国泰民安"等。至此，中国人民对妈祖的信仰达到了顶峰，妈祖庙的修建也达到了顶峰。烟台的天后宫始建于清光绪十年（1884），落成于光绪三十二年（1906）。全庙由山门、大殿、后殿、戏楼和两厢五部分组成，占地约三千五百平方米。是由福建商人修建的。全庙雕梁画栋，富丽堂皇，在大陆上的妈祖庙中是出类拔萃的。

关于台、澎、港、澳的妈祖庙，已有不少专著出版。关于日本、朝鲜、东南亚地区以及欧、美等地的妈祖庙，也有不少文章发表。一般说来，这里的妈祖庙始建于明代中期以后或清朝时期。全世界（包括中国在内）共有妈祖庙一千多座。

四、奉祀妈祖的特点与当前观念的转向

妈祖信仰自产生后，发展很快。人们不仅奉她为海神，也奉之为"万能之神"。早在南宋前期，人们已不仅求她护航，

---

① 此匾在中国台湾苗栗县竹南镇的中港慈裕宫中，是慈禧太后于同治十年（1871）所立。见陈泰裕主编：《台湾名寺古刹》（北部、中部），（中国台湾）好兄弟出版社1988年1月30日革新版，第151页。

每逢水、旱、瘟疫、盗贼、战争乃至不孕、求子等，也都祈求她帮助。因此她既为统治者所信仰，也甚得人民群众的信仰。所以从北宋末年开始至南宋，就发生有改海神庙或龙王庙为妈祖庙之事。而且不少传统的、比她资历高得多的神灵，如雷公、电母、风伯、雨师以及神话小说人物如千里眼、顺风耳、八仙等，都屈居于她的侍神之列。大概同时建有妈祖庙和其他神庙的地区，妈祖庙的规模及讲究程度往往居于第一，或属于第一流的。

官府奉祀妈祖与奉祀其他神灵大同小异。如元朝对妈祖奉祀的规定："皇庆以来，岁遣使齐香遍祭，金幡一合，银一铤，付平江官漕司及本府官，用柔毛酒醴，便服行事。祝文云：'维年月日，皇帝特遣某官等，致祭于护国庇民广济福惠明著天妃。'"[①]除祝文的具体内容会讲到妈祖为海神外，作为奉祀的形式，无甚特点。但民间的奉祀，并不如此，而是充分表现其对海神信仰的特点。主要特点有三：

一是唱神戏——国内比较重要的妈祖庙都建有戏楼，如天津、蓬莱、庙岛、烟台、青岛、日照的天后宫都是这样。在清朝和民国时期，各庙祭妈祖的日期并不相同，每年中所祭次数也不一样。但有一个共同点，就是一般酒肉香火之外，都要

---

① 《元史·祭祀志五·名山大川忠臣义士之祠》。

唱"神戏"。演唱者都是请职业戏班子,有地方戏,也有京剧。费用或由本地居民集资,或由某商号、船主或会馆资助。一次或演数天,或演十余天。祭神、演戏之时,也同时自发地举办物资交流大会,红男绿女,熙熙攘攘,是人们一年中的一个非常快乐的时刻。

二是献舟许愿——向妈祖献舟许愿,是妈祖信仰的又一重要特点。就是船主将自己的船只的模型奉献于妈祖像前,以乞求保佑。此事由来已久。据说明洪武元年(1368),征南将军廖永忠在广东沿海作战获胜后,建天妃神祠于五羊驿,"凡下洋造舶,别为一小舶如制,置神前,覆溺倾欹,兆必先见。遇颠危,虔祷,即有火集桅上,或江鸥一只,舟可无虞"①。庙岛是宋、元以来北方的一个重要船只停泊地。有淮船、辽船、渔船、塘头船、太仓船、瓜洲船等往来于这里。每当船在此停泊时,船主、渔民、船工都到岛上的天后宫中顶礼膜拜,以表虔诚。其中献鱼献肉、献香献财的有之,献帐挂彩的有之,也有很多同时献船模型的。此庙在明清时,曾有船模型一千余只。至今尚存三百余只。

三是设神龛于船上——建造海船时,同时在船的适当部位安置妈祖神龛,此制由来已久。明嘉靖十一年(1532),吏科

---

① 乾隆《番禺县志》卷五三《杂记》(一)。

左给事中陈侃使琉球,船"长一十五丈,阔二丈六尺,深一丈三尺,分为二十三舱,前后竖以五桅,大桅长七丈二尺,围六尺五寸;余者以次小而短。舟后作黄屋二层,上安诏敕,尊君命也;中供天妃,顺民心也"①。清朝前期,册封琉球国王的使者"封舟出洋,例请天后神像供奉舟中,以镇风涛,而资呵护"②。此为官船的情况。大的民船也是这样。20世纪30年代和40年代间,我曾有机会在山东和江苏的一些重要口岸留心于南北船只上的妈祖供奉情况。一般说来,五根桅杆(约载重七十吨)以上的民船,都有妈祖神龛,内奉妈祖神像,其额作"天后圣母"。此神龛多在马栏(楼棚,为船员休息、炊事、进餐之处)中。无马栏者,则设于后舱(作用同马栏)中。平时,每月的初一、十五日敬香,节日则大祭。

我在幼年时,听到了许多关于"娘娘挂灯"的故事。就是船行在黑夜的海洋中,伸手不见五指,遇狂风巨浪,失去控制,有即刻倾覆的危险,由于船员向"娘娘呼救",敲锣打鼓,焚香叩拜,忽见桅杆上出现红灯,不久即风平浪静,化险为夷。这样的故事在我的故乡,家喻户晓,而且讲得有名有姓,有声有色。从文献记载来看,此类故事大约与妈祖信仰同

---

① 陈侃:《使琉球录·使事纪略》。
② 林清标:《天后圣母圣迹图志全集》卷一《琉球国志略》。

时产生，而且流传很快。不过起初不说是"红灯"，而是"祥光""神火"等。至明初以后，即说是"神灯""红灯"了。如《娄东刘家港天妃宫石刻通番事迹记》："直有险阻，一称神号，感应如响，即有神灯烛于帆樯。灵光一临，则变险为夷，舟师恬然，咸保无虞。"①《琉球国志略》："忽神火见于桅顶，又海面灯光浮来。"②《陔余丛考》卷三五《天妃》："相传大海中当风浪危急时，号呼求救，往往有红灯或神鸟来，辄得免。皆妃之灵也。"

今天中国大陆沿海地区的居民对妈祖的观念已有很大变化。大多数人不再把她作为有威灵的神仙看待。这一观念大约从1937年抗日战争开始后即很明显。此后，时局的动荡，人口的散亡，寺庙的破坏，生活的贫困，使这一观念更加发展。中华人民共和国成立以后，社会稳定，生产发展，生活有所改善，文化教育发展，科学技术进步，唯物主义思想普及。尤其是机轮、机帆轮代替了旧式帆船，海洋天气预报发展。所有这些，已从根本上消除了对妈祖护航的迷信。1958年"大跃进"，许多妈祖宫殿被拆建为小高炉。1966年开始的"文化大革命"，许多妈祖庙被夷为平地。这大约是妈祖千年史上最耻

---

① 向达：《西洋番国志》校注本附录二之四。
② 林清标：《天后圣母圣迹图志全集》卷一。

辱、最倒霉的时期。

"四人帮"被打倒以后，尤其是十一届三中全会以后，大陆上的一切开始恢复正常，许多有代表性的古建、寺庙得到修复，其中包括了妈祖庙，妈祖也再铸金身。如天津天后宫兼为"天津市民俗博物馆"，庙岛天后宫兼为"长岛县航海博物馆"，烟台天后宫兼为"烟台市历史博物馆"，上海松江天后宫则辟为方塔公园一角。不少人仍对妈祖焚香礼拜，也有不少人参观景仰。今日的妈祖庙，参观者、游览者、拜神者，熙熙而来，攘攘而往。妈祖的"慈航普渡"和母仪风范一直是人们的重要话题。

国家新闻出版广电总局
首届向全国推荐中华优秀传统文化普及图书

大家小书书目

国学救亡讲演录	章太炎 著 蒙木 编
门外文谈	鲁迅 著
经典常谈	朱自清 著
语言与文化	罗常培 著
习坎庸言校正	罗庸 著 杜志勇 校注
鸭池十讲(增订本)	罗庸 著 杜志勇 编订
古代汉语常识	王力 著
国学概论新编	谭正璧 编著
文言尺牍入门	谭正璧 著
日用交谊尺牍	谭正璧 著
敦煌学概论	姜亮夫 著
训诂简论	陆宗达 著
金石丛话	施蛰存 著
常识	周有光 著 叶芳 编
文言津逮	张中行 著
经学常谈	屈守元 著
国学讲演录	程应镠 著
英语学习	李赋宁 著
中国字典史略	刘叶秋 著
语文修养	刘叶秋 著
笔祸史谈丛	黄裳 著
古典目录学浅说	来新夏 著
闲谈写对联	白化文 著
汉字知识	郭锡良 著
怎样使用标点符号(增订本)	苏培成 著
汉字构型学讲座	王宁 著

诗境浅说	俞陛云 著	
唐五代词境浅说	俞陛云 著	
北宋词境浅说	俞陛云 著	
南宋词境浅说	俞陛云 著	
人间词话新注	王国维 著	滕咸惠 校注
苏辛词说	顾随 著	陈均 校
诗论	朱光潜 著	
唐五代两宋词史稿	郑振铎 著	
唐诗杂论	闻一多 著	
诗词格律概要	王力 著	
唐宋词欣赏	夏承焘 著	
槐屋古诗说	俞平伯 著	
词学十讲	龙榆生 著	
词曲概论	龙榆生 著	
唐宋词格律	龙榆生 著	
楚辞今绎讲录	姜亮夫 著	
读词偶记	詹安泰 著	
中国古典诗歌讲稿	浦江清 著 浦汉明	彭书麟 整理
唐人绝句启蒙	李霁野 著	
唐宋词启蒙	李霁野 著	
唐诗研究	胡云翼 著	
风诗心赏	萧涤非 著	萧光乾 萧海川 编
人民诗人杜甫	萧涤非 著	萧光乾 萧海川 编
唐宋词概说	吴世昌 著	
宋词赏析	沈祖棻 著	
唐人七绝诗浅释	沈祖棻 著	
道教徒的诗人李白及其痛苦	李长之 著	
英美现代诗谈	王佐良 著	董伯韬 编
闲坐说诗经	金性尧 著	
陶渊明批评	萧望卿 著	

古典诗文述略	吴小如	著
诗的魅力		
——郑敏谈外国诗歌	郑　敏	著
新诗与传统	郑　敏	著
一诗一世界	邵燕祥	著
舒芜说诗	舒　芜	著
名篇词例选说	叶嘉莹	著
汉魏六朝诗简说	王运熙 著　董伯韬	编
唐诗纵横谈	周勋初	著
楚辞讲座	汤炳正	著
	汤序波　汤文瑞	整理
好诗不厌百回读	袁行霈	著
山水有清音		
——古代山水田园诗鉴要	葛晓音	著
红楼梦考证	胡　适	著
《水浒传》考证	胡　适	著
《水浒传》与中国社会	萨孟武	著
《西游记》与中国古代政治	萨孟武	著
《红楼梦》与中国旧家庭	萨孟武	著
《金瓶梅》人物	孟　超 著　张光宇	绘
水泊梁山英雄谱	孟　超 著　张光宇	绘
水浒五论	聂绀弩	著
《三国演义》试论	董每戡	著
《红楼梦》的艺术生命	吴组缃 著　刘勇强	编
《红楼梦》探源	吴世昌	著
《西游记》漫话	林　庚	著
史诗《红楼梦》	何其芳	著
	王叔晖 图　蒙　木	编
细说红楼	周绍良	著
红楼小讲	周汝昌 著　周伦玲	整理

曹雪芹的故事	周汝昌 著	周伦玲 整理
古典小说漫稿	吴小如 著	
三生石上旧精魂		
——中国古代小说与宗教	白化文 著	
《金瓶梅》十二讲	宁宗一 著	
中国古典小说十五讲	宁宗一 著	
古体小说论要	程毅中 著	
近体小说论要	程毅中 著	
《聊斋志异》面面观	马振方 著	
《儒林外史》简说	何满子 著	

我的杂学	周作人 著	张丽华 编
写作常谈	叶圣陶 著	
中国骈文概论	瞿兑之 著	
谈修养	朱光潜 著	
给青年的十二封信	朱光潜 著	
论雅俗共赏	朱自清 著	
文学概论讲义	老舍 著	
中国文学史导论	罗庸 著	杜志勇 辑校
给少男少女	李霁野 著	
古典文学略述	王季思 著	王兆凯 编
古典戏曲略说	王季思 著	王兆凯 编
鲁迅批判	李长之 著	
唐代进士行卷与文学	程千帆 著	
说八股	启功 张中行 金克木 著	
译余偶拾	杨宪益 著	
文学漫识	杨宪益 著	
三国谈心录	金性尧 著	
夜阑话韩柳	金性尧 著	
漫谈西方文学	李赋宁 著	
历代笔记概述	刘叶秋 著	

周作人概观	舒芜 著	
古代文学入门	王运熙 著	董伯韬 编
有琴一张	资中筠 著	
中国文化与世界文化	乐黛云 著	
新文学小讲	严家炎 著	
回归，还是出发	高尔泰 著	
文学的阅读	洪子诚 著	
中国文学1949—1989	洪子诚 著	
鲁迅作品细读	钱理群 著	
中国戏曲	么书仪 著	
元曲十题	么书仪 著	
唐宋八大家 ——古代散文的典范	葛晓音 选译	
辛亥革命亲历记	吴玉章 著	
中国历史讲话	熊十力 著	
中国史学入门	顾颉刚 著	何启君 整理
秦汉的方士与儒生	顾颉刚 著	
三国史话	吕思勉 著	
史学要论	李大钊 著	
中国近代史	蒋廷黻 著	
民族与古代中国史	傅斯年 著	
五谷史话	万国鼎 著	徐定懿 编
民族文话	郑振铎 著	
史料与史学	翦伯赞 著	
秦汉史九讲	翦伯赞 著	
唐代社会概略	黄现璠 著	
清史简述	郑天挺 著	
两汉社会生活概述	谢国桢 著	
中国文化与中国的兵	雷海宗 著	
元史讲座	韩儒林 著	

魏晋南北朝史稿	贺昌群 著
汉唐精神	贺昌群 著
海上丝路与文化交流	常任侠 著
中国史纲	张荫麟 著
两宋史纲	张荫麟 著
北宋政治改革家王安石	邓广铭 著
从紫禁城到故宫 ——营建、艺术、史事	单士元 著
春秋史	童书业 著
明史简述	吴晗 著
朱元璋传	吴晗 著
明朝开国史	吴晗 著
旧史新谈	吴晗 著 习之 编
史学遗产六讲	白寿彝 著
先秦思想讲话	杨向奎 著
司马迁之人格与风格	李长之 著
历史人物	郭沫若 著
屈原研究（增订本）	郭沫若 著
考古寻根记	苏秉琦 著
舆地勾稽六十年	谭其骧 著
魏晋南北朝隋唐史	唐长孺 著
秦汉史略	何兹全 著
魏晋南北朝史略	何兹全 著
司马迁	季镇淮 著
唐王朝的崛起与兴盛	汪篯 著
南北朝史话	程应镠 著
二千年间	胡绳 著
论三国人物	方诗铭 著
辽代史话	陈述 著
考古发现与中西文化交流	宿白 著
清史三百年	戴逸 著

清史寻踪	戴 逸	著
走出中国近代史	章开沅	著
中国古代政治文明讲略	张传玺	著
艺术、神话与祭祀	张光直	著
	刘 静 乌鲁木加甫	译
中国古代衣食住行	许嘉璐	著
辽夏金元小史	邱树森	著
中国古代史学十讲	瞿林东	著
宾虹论画	黄宾虹	著
中国绘画史	陈师曾	著
和青年朋友谈书法	沈尹默	著
中国画法研究	吕凤子	著
桥梁史话	茅以升	著
中国戏剧史讲座	周贻白	著
中国戏剧简史	董每戡	著
西洋戏剧简史	董每戡	著
俞平伯说昆曲	俞平伯 著 陈 均	编
新建筑与流派	童 寯	著
论园	童 寯	著
拙匠随笔	梁思成 著 林 洙	编
中国建筑艺术	梁思成 著 林 洙	编
沈从文讲文物	沈从文 著 王 风	编
中国画的艺术	徐悲鸿 著 马小起	编
中国绘画史纲	傅抱石	著
龙坡谈艺	台静农	著
中国舞蹈史话	常任侠	著
中国美术史谈	常任侠	著
说书与戏曲	金受申	著
世界美术名作二十讲	傅 雷	著
中国画论体系及其批评	李长之	著

金石书画漫谈	启　功　著	赵仁珪　编
吞山怀谷		
——中国山水园林艺术	汪菊渊　著	
故宫探微	朱家溍　著	
中国古代音乐与舞蹈	阴法鲁　著	刘玉才　编
梓翁说园	陈从周　著	
旧戏新谈	黄　裳　著	
民间年画十讲	王树村　著	姜彦文　编
民间美术与民俗	王树村　著	姜彦文　编
长城史话	罗哲文　著	
天工人巧		
——中国古园林六讲	罗哲文　著	
现代建筑奠基人	罗小未　著	
世界桥梁趣谈	唐寰澄　著	
如何欣赏一座桥	唐寰澄　著	
桥梁的故事	唐寰澄　著	
园林的意境	周维权　著	
万方安和		
——皇家园林的故事	周维权　著	
乡土漫谈	陈志华　著	
现代建筑的故事	吴焕加　著	
中国古代建筑概说	傅熹年　著	
简易哲学纲要	蔡元培　著	
大学教育	蔡元培　著	
	北大元培学院　编	
老子、孔子、墨子及其学派	梁启超　著	
春秋战国思想史话	嵇文甫　著	
晚明思想史论	嵇文甫　著	
新人生论	冯友兰　著	
中国哲学与未来世界哲学	冯友兰　著	

谈美	朱光潜 著	
谈美书简	朱光潜 著	
中国古代心理学思想	潘菽 著	
新人生观	罗家伦 著	
佛教基本知识	周叔迦 著	
儒学述要	罗庸 著	杜志勇 辑校
老子其人其书及其学派	詹剑峰 著	
周易简要	李镜池 著	李铭建 编
希腊漫话	罗念生 著	
佛教常识答问	赵朴初 著	
维也纳学派哲学	洪谦 著	
大一统与儒家思想	杨向奎 著	
孔子的故事	李长之 著	
西洋哲学史	李长之 著	
哲学讲话	艾思奇 著	
中国文化六讲	何兹全 著	
墨子与墨家	任继愈 著	
中华慧命续千年	萧萐父 著	
儒学十讲	汤一介 著	
汉化佛教与佛寺	白化文 著	
传统文化六讲	金开诚 著	金舒年 徐令缘 编
美是自由的象征	高尔泰 著	
艺术的觉醒	高尔泰 著	
中华文化片论	冯天瑜 著	
儒者的智慧	郭齐勇 著	
中国政治思想史	吕思勉 著	
市政制度	张慰慈 著	
政治学大纲	张慰慈 著	
民俗与迷信	江绍原 著	陈泳超 整理
政治的学问	钱端升 著	钱元强 编

从古典经济学派到马克思	陈岱孙 著	
乡土中国	费孝通 著	
社会调查自白	费孝通 著	
怎样做好律师	张思之 著	孙国栋 编
中西之交	陈乐民 著	
律师与法治	江 平 著	孙国栋 编
经济学常识	吴敬琏 著	马国川 编
中国化学史稿	张子高 编著	
中国机械工程发明史	刘仙洲 著	
天道与人文	竺可桢 著	施爱东 编
中国医学史略	范行准 著	
优选法与统筹法平话	华罗庚 著	
数学知识竞赛五讲	华罗庚 著	
中国历史上的科学发明（插图本）	钱伟长 著	

出版说明

"大家小书"多是一代大家的经典著作,在还属于手抄的著述年代里,每个字都是经过作者精琢细磨之后所拣选的。为尊重作者写作习惯和遣词风格、尊重语言文字自身发展流变的规律,为读者提供一个可靠的版本,"大家小书"对于已经经典化的作品不进行现代汉语的规范化处理。

本书收录文章均写于二十世纪三四十年代,即中华人民共和国成立之前。作者讽刺了当时社会各种不合理现象,文笔辛辣,措辞有写作伊初的时代特征,引文亦不甚严格,文中所用地名皆为当时行政区划名称,提请读者注意。

北京出版社